부의 확언

부의 확언

백선엽 지음

✦✦✦　✦✦✦

세계 1% 부자들의 돈과 운이 내 것이 된다

Warren Buffett	Mark Cuban	Jack Brennan	Barbara Corcoran
Larry Fink	Keith Ferrazzi	John Maynard Keynes	Richard Bernstein
Jensen Huang	Steve Jobs	Nassim Nicholas Taleb	Jesse Livermore
Napoleon Hill	Sam Walton	Paul Tudor Jones	Jack Dorsey
Oprah Winfrey	Beyoncé	Stanley Druckenmiller	Eugene Fama
Tony Robbins	Robert Kiyosaki	Ken Fisher	Bill Gates
Dave Ramsey	J. Paul Getty	Jim Rogers	Chuck Feeney
Albert Einstein	Katy Perry	William Bernstein	John Arnold
Benjamin Graham	Eric Ries	Mary Barra	Ray Kroc
Charlie Munger	Seth Godin	Serena Williams	Jim Rohn
John Bogle	Jack Trout	Andrew Carnegie	LeBron James
T. Harv Eker	Brian Chesky	John D. Rockefeller	Henry David Thoreau
Thomas Stanley	Ryan Reynolds	John Jacob Astor	Howard Schultz
Morgan Housel	Donald Trump	David Swensen	Sara Blakely
David Bach	Masayoshi Son	Charles Ellis	Daniel Loeb
Benjamin Franklin	Carl Icahn	John Neff	John C. Maxwell
Peter Lynch	Harry Markowitz	John Marks Templeton	MacKenzie Scott
George Soros	Janet Yellen	Mario Gabelli	Paul Tudor Jones
Grant Cardone	Ray Dalio	Thomas Rowe Price	Michael Jordan
Jim Rohn	Howard Marks	Bill Ackman	Melinda French Gates
Jeff Bezos	David Tepper	Walter Schloss	Richard Branson
Elon Musk	Seth Klarman	Richard Feynman	Tyler Perry
Peter Thiel	Burton Malkiel	Pat Dorsey	Arianna Huffington
Reid Hoffman	Suze Orman	Robert Hagstrom	Henry Ford
Satya Nadella	Mary Callahan Erdoes	Sam Zell	Zig Ziglar

위즈덤하우스

세계 1% 돈과 운을
내 인생에 끌어당기는 법

✦
✦
✦

"아무도 나를 모르지만 돈은 많았으면 좋겠어요."

이 문장을 처음 봤을 때, '나도 그래…' 하고 속으로 공감하지 않았나요? SNS 과시도, 유명세도 필요 없어요. 그저 월급 걱정 없이 하고 싶은 일만 하는 자유로운 삶. 바로 그것이 우리가 원하는 진짜 '부'입니다.

하지만 현실은 어떤가요?

월급 들어오자마자 대출·월세·관리비가 스치고 지나갑니다. '언젠가는 부자 될 거야!'라고 생각하지만, 구체적 계획은 없습니다. 그래서 이 책을 만들었습니다.

부의 확언으로 부자가 됩니다

워런 버핏의 말처럼, '부자와 가난한 사람의 차이는 생각의 차이'입니다. 같은 돈을 봐도 부자는 기회를, 가난한 사람은 위험을 봅니다. 부자가 되려면 부자처럼 생각해야 하고, 그 시작은 부의 확언을 습득하는 것입니다.

부의 확언은 워런 버핏, 일론 머스크, 제프 베이조스부터 손정의, 오프라 윈프리까지. 세계 1% 부자 100명의 돈을 대하고 불리고 사용하는 태도와 철학을 담았습니다.

왜 《부의 확언》인가?

첫째, 부와 운을 끌어당기는 부자들의 습관이 당신의 인생에 각인됩니다. 100일 매일 반복으로 부의 확언이 무의식에 스며듭니다. 돈과 운을 끌어당기는 부자의 습관이 몸에 뱁니다.

둘째, 원문의 힘. 워런 버핏의 "Never lose money."를 번역하면 뉘앙스가 희석됩니다. 부자들의 말에는 사고방식이 그대로 새겨져 있습니다.

셋째, 손글씨의 기적. 프린스턴 연구처럼 손쓰기는 기억·이해를 2배 높입니다. 쓰는 순간 그 확언이 당신 신념이 됩니다.

부자들의 습관이 당신의 인생에 각인되는 시간, 100일

Lesson 1(DAY 1-20) : 부와 운을 끌어당기는 부자 마인드 기초

Lesson 2(DAY 21-40) : 혁신과 차별화로 시장을 지배하는 부자의 전략

Lesson 3(DAY 41-60) : 자산을 보호하고 리스크를 관리하는 부자의 방어법

Lesson 4(DAY 61-80) : 부자가 돈을 불리는 비밀

Lesson 5(DAY 81-100) : 돈 너머의 가치와 성공을 거머쥐는 부의 완성

《부의 확언》 매일 10분 사용법

1. 부자의 확언과 돈에 대한 철학을 읽으세요.

소리 내어 읽는다면 더 좋습니다. 해설도 차례로 읽으며 그날의 확언을 깊이 이해하세요.

2. 부자의 인생에 대해 알아봅니다.

그 부자가 어떤 굴곡과 모험을 겪으며 성장했는지, 왜 이런 돈에 대한 철학을 갖게 되었고 사회에 어떤 공헌을 했는지 공부합니다.

3. 부자의 인사이트 & 오늘의 질문에 답하기

오늘의 명언이 내 삶에 어떻게 적용될지 한 줄 메모를 남기고, 부자의 인사이트를 읽으며 하루를 마무리하세요.

4. 손글씨로 부의 확언 필사하기

필사 공간에 부의 확언을 천천히, 정성스럽게 손으로 써 내려가세요. 중요한 건 속도가 아니라 꾸준함입니다. 이제, 부자의 삶이 당신의 삶이 되었습니다. 부자의 언어가 당신의 언어가 되었습니다.

100일 후, 당신은 달라질 것입니다

100일 후 당신은
100명의 부자를 만나고, 그들의 사고방식을 이해하게 됩니다.
500개 이상의 투자와 비즈니스 영어 표현을 익히게 됩니다.
부자의 마인드가 무의식에 각인되어 자연스럽게 부자처럼 생각하게 됩니다.
매일 필사하는 습관이 몸에 배어 평생의 자산이 됩니다.

더 중요한 것은, 당신이 행동하기 시작한다는 것입니다.
아는 것과 하는 것은 다릅니다. 이 책은 당신에게 지식만 주지 않습니다. 매일 작은 행동을 하게 만듭니다. 그 작은 행동들이 모여 100일 후 큰 변화를 만듭니다.
부자가 되는 길은 멀지 않습니다. 바로 첫 페이지에 있습니다.
100일 후, 우리는 다시 만날 것입니다. 그때 당신은 지금과는 다른 사람이 되어 있을 것입니다.

마인드셋

✦✦✦　　　　　　　✦✦✦

부자처럼 생각하라

부자는 먼저 잃지 않는 법부터 배운다.
Never lose money.

규칙 1: 절대 돈을 잃지 마십시오.
규칙 2: 규칙 1을 절대 잊지 마십시오.
진정한 부는 이미 가진 자산을 지키는 것에서 시작됩니다.
최고의 투자자는 수익을 추구하기에 앞서 큰 손실을 피합니다.
위기 속에서도 인내심을 잃지 말고, 두려움을 기회로 바꾸십시오.

Rule No. 1: Never lose money.
Rule No. 2: Never forget Rule No. 1.
Real wealth starts with protecting what you have.
The best investors avoid big losses before chasing profits.
The worst they can say is no, so why not try?

부자들은 돈을 '지키는 것'이 '버는 것'보다 먼저라는 사실을 압니다. 2008년 금융위기 때 워런 버핏은 주식을 팔지 않았습니다. 오히려 샀습니다. 다른 투자자들이 패닉에 빠져 50%, 70% 손실을 내며 자산을 던질 때, 버핏은 "남들이 탐욕스러울 때 두려워하고, 남들이 두려워할 때 탐욕스러워하라."며 침착하게 기회를 기다렸습니다.
리먼 브라더스가 파산하고 시장이 공포에 휩싸였을 때, 버핏은 골드만삭스에 50억 달러를 투자하며 "미국에 베팅한다."고 선언했습니다. 코카콜라, 아메리칸 익스프레스 같은 좋은 기업을 싸게 사서 절대 팔지 않는다는 원칙을 지켰습니다. 그는 "가격은 당신이 지불하는 것이고, 가치는 당신이 얻는 것."이라며 가격 변동에 흔들리지 않았습니다.
2009년 시장이 회복되며 버크셔 해서웨이는 역대 최고 수익을 냈고, 이후 10년간 버핏의 자산은 2배가 됐습니다. 큰 손실을 피한 것이 장기적으로 최고의 수익을 만들었습니다.
부자는 시장의 감정에 휘둘리지 않고, 위기를 기회로 바꾸는 전략적 인내심을 가집니다. "Rule No.1 : 절대 돈을 잃지 마라. Rule No.2 : 규칙 1번을 절대 잊지 마라."는 버핏의 말은 바로 이 태도를 말합니다.

워런 버핏 Warren Buffett

1930년 미국 네브래스카주 오마하에서 태어나 11세에 첫 주식을 매수하며 투자를 시작했습니다. 컬럼비아 대학원에서 벤저민 그레이엄에게 가치투자를 배운 후, 1965년 섬유회사 버크셔 해서웨이를 인수해 세계 최대 투자 지주회사로 키웠습니다.

'오마하의 현인'으로 불리며 70년간 연평균 20% 수익률로 복리의 마법을 증명했습니다. '해자가 있는 기업', '이해할 수 있는 사업' 원칙으로 코카콜라, 애플 등에 장기 투자해 초기 10달러를 4,200만 달러 이상으로 불렸습니다. 그는 1958년에 구입한 오마하의 집에서 여전히 살고 있으며, 매일 맥도날드 아침 식사와 코카콜라를 즐기는 검소한 억만장자입니다. 빌 게이츠와 함께 '기빙 플레지(Giving Pledge)'를 시작해 재산의 99%를 기부하겠다고 약속했고, 매년 발표하는 주주 서한은 전 세계 투자자들의 필독서입니다.

워런 버핏의 인사이트

부자는 더 많이 벌기 전에, 잃지 않는 법을 먼저 배운다.
The rich learn not to lose first.

위기는 좋은 기업을 싸게 살 수 있는 기회다. 공포 때문에 팔지 말라.
Crisis is a chance to buy. Don't sell in fear.

오늘의 질문

오늘 나는 돈을 '잃지 않기 위해' 무엇을 했는가?

지금 손실을 피하고 있는가, 아니면 수익만 좇고 있는가?

부자는 먼저 잃지 않는 법부터 배운다.
Never lose money.

규칙 1: 절대 돈을 잃지 마십시오.

규칙 2: 규칙 1을 절대 잊지 마십시오.

진정한 부는 이미 가진 자산을 지키는 것에서 시작됩니다.

최고의 투자자는 수익을 추구하기에 앞서 큰 손실을 피합니다.

위기 속에서도 인내심을 잃지 말고, 두려움을 기회로 바꾸십시오.

Rule No. 1: Never lose money.

Rule No. 2: Never forget Rule No. 1.

Real wealth starts with protecting what you have.

The best investors avoid big losses before chasing profits.

The worst they can say is no, so why not try?

부자는 숫자보다 감정을 먼저 읽는다.
Markets are about human behavior and risk.

시장은 사실보다 사람들의 감정에 따라 움직입니다.
가격이 오르내리는 것은 결국 두려움이나 욕심이 작용한 결과입니다.
뛰어난 투자자는 숫자보다 먼저 사람들의 감정을 살펴봅니다.
논리보다는 공포와 흥분이 시장을 움직이는 경우가 더 많습니다.
데이터 뒤에 숨은 시장의 분위기와 심리를 읽는 눈을 기르세요.

Markets move based on people's feelings, not facts.
Every price change shows fear or greed at work.
Smart investors watch emotions before checking numbers.
Panic and excitement drive markets more than logic.
Learn to read the mood behind the data.

부자들은 숫자 뒤에 숨은 인간의 감정을 읽습니다. 2008년 금융위기 때 래리 핑크는 차트가 아니라 사람들의 공포를 읽었습니다. 시장이 패닉 상태일 때 모두가 '더 떨어질 것'이라는 두려움에 팔았지만, 핑크는 "이 공포가 과도하다."고 판단했습니다.

블랙록은 위기 속에서 오히려 저평가된 자산을 매입하며 10조 달러 자산운용사로 성장했습니다. 2020년 코로나 팬데믹 때도 마찬가지였습니다. 시장이 폭락하자 개인 투자자들은 공포에 손절했지만, 핑크는 '이건 일시적 충격'이라 보고 주식을 샀습니다. 6개월 후 시장은 사상 최고치를 경신했습니다.

부자는 데이터만 보지 않습니다. 데이터 속 인간의 감정 패턴을 읽고, 군중이 과도하게 반응할 때 반대로 움직입니다. 시장의 감정을 읽는 능력은 장기 성과를 좌우하는 중요한 요소입니다.

래리 핑크 Larry Fink

1952년 로스앤젤레스 밴나이스(Van Nuys)에서 태어나 UCLA에서 정치학을 전공했고, 1976년에 UCLA 앤더슨 스쿨에서 부동산 전공 MBA를 취득한 후 월스트리트에 입문했습니다. 1986년 퍼스트 보스턴에서 이자율 급변으로 약 1억 달러 손실을 내며 퇴사했지만, 이 경험이 리스크 관리의 중요성을 깨닫게 해줬습니다. 1988년 8명의 파트너와 함께 블랙록을 창립했고, 독자적인 리스크 관리 시스템 '알라딘(Aladdin)'을 개발해 자산운용 업계를 혁신했습니다.

블랙록을 세계 최대 자산운용사로 키우며 10조 달러 이상의 자산을 운용하고 있습니다. '시장은 숫자가 아니라 사람의 행동'이라는 철학으로 투자자 심리와 행동 패턴을 중요시하며, 데이터 뒤에 숨은 인간의 감정을 읽는 능력이 진짜 투자 실력이라고 강조합니다. 매년 CEO들에게 보내는 연례 서한에서 기업의 사회적 책임과 장기 가치 창출을 강조하며 글로벌 비즈니스 리더들에게 큰 영향을 미치고 있습니다. ESG 투자를 주류로 만드는 데 앞장서고 있으며, 70대가 된 지금도 블랙록을 이끌며 금융시장의 가장 영향력 있는 인물 중 한 명으로 활동하고 있습니다.

래리 핑크의 인사이트

시장을 움직이는 것은 숫자가 아니라, 숫자 뒤에 숨은 인간의 감정이다.
Markets are driven by emotions, not just numbers.

군중이 공포에 빠질 때가 바로 기회다.
When the crowd panics, that's your opportunity.

오늘의 질문

오늘 나는 '시장의 감정'을 읽기 위해 무엇을 했는가?

군중의 감정에 휩쓸렸는가, 아니면 냉정하게 판단했는가?

부자는 숫자보다 감정을 먼저 읽는다.
Markets are about human behavior and risk.

시장은 사실보다 사람들의 감정에 따라 움직입니다.

가격이 오르내리는 것은 결국 두려움이나 욕심이 작용한 결과입니다.

뛰어난 투자자는 숫자보다 먼저 사람들의 감정을 살펴봅니다.

논리보다는 공포와 흥분이 시장을 움직이는 경우가 더 많습니다.

데이터 뒤에 숨은 시장의 분위기와 심리를 읽는 눈을 기르세요.

Markets move based on people's feelings, not facts.

Every price change shows fear or greed at work.

Smart investors watch emotions before checking numbers.

Panic and excitement drive markets more than logic.

Learn to read the mood behind the data.

부자는 확신이 보이면 과감히 투자한다.
The more you invest,
the greater the efficiency.

확실히 잘 맞는 일이라면 과감하게 투자하세요.
규모가 커질수록 결과는 좋아지고, 단가도 낮아집니다.
작은 투자에선 작은 성과만 얻지만, 큰 투자는 판을 바꿉니다.
가장 큰 수익은 안전한 선택보다 과감한 결정에서 나옵니다.
기회가 분명히 보일 땐 망설이지 말고 바로 움직이세요.

Invest big when something clearly works for you.
Bigger scale means better results and lower costs.
Small bets bring small results. Big bets can change the game.
The best returns come from bold choices, not safe ones.
Don't hold back when opportunity shows up clearly.

부자들은 '안전하게 조금씩'이 아니라 '확신할 때 크게' 투자합니다. 1999년 젠슨 황은 엔비디아가 파산 위기에 처했을 때 모든 자원을 GPU 개발에 쏟아부었습니다. 주변에서는 미쳤다고 했지만, 그는 "GPU가 미래다."라는 확신이 있었습니다. 결과는? 20년 후 AI 혁명의 중심이 되었습니다. 2016년 AI 붐이 시작되자 황은 다시 한번 과감하게 베팅했습니다. 수백억 달러를 연구개발에 투자하며 경쟁사들을 압도했습니다.

"많이 살수록 많이 절약한다(The more you buy, the more you save)."는 그의 철학은 단순합니다. 규모가 커질수록 단가가 내려가고, 시장 지배력이 생기고, 경쟁자를 따돌립니다. 부자는 작은 위험을 피하려다 큰 기회를 놓치지 않습니다. 확신이 서면 전부를 겁니다.

젠슨 황 Jensen Huang

1963년 대만 출생으로 9세 때 미국에 건너왔습니다. 처음엔 영어 한마디 못했지만 오레곤 주립대에서 전기공학을, 스탠퍼드에서 석사를 받으며 실력을 쌓았습니다. 1993년 4월 5일 30세의 젊은 나이에 동료 두 명과 함께 초기 자본 4만 달러로 엔비디아를 창업했습니다.

그는 GPU라는 개념 자체가 생소하던 시절, 그래픽 처리 전용 칩이 미래를 바꿀 것이라 확신했습니다. 1999년 GeForce 256으로 게이머들의 세계를 뒤흔들었고, 2006년엔 CUDA 플랫폼으로 GPU를 AI 연산의 핵심 도구로 만들었습니다. ChatGPT 등 생성형 AI 시대가 열리며 엔비디아는 2024/2025년경 시가총액 3조 달러를 돌파했습니다. 검은 가죽 재킷이 트레이드마크인 그는 지금도 일주일에 100시간 넘게 일하며, 60세가 넘은 현재도 반도체 산업의 최전선에서 미래를 설계하고 있습니다.

젠슨 황의 인사이트

작게 투자하면 작게 얻고, 크게 투자하면 크게 얻는다.
Small bets bring small wins. Big bets bring big wins.

확신이 서면 주저하지 말고 전부를 걸어라.
When you're certain, bet everything.

오늘의 질문

오늘 나는 무엇에 '과감하게' 투자했는가?

작은 위험을 피하려다 큰 기회를 놓치고 있지는 않은가?

부자는 확신이 보이면 과감히 투자한다.
The more you invest,
the greater the efficiency.

확실히 잘 맞는 일이라면 과감하게 투자하세요.

규모가 커질수록 결과는 좋아지고, 단가도 낮아집니다.

작은 투자에선 작은 성과만 얻지만, 큰 투자는 판을 바꿉니다.

가장 큰 수익은 안전한 선택보다 과감한 결정에서 나옵니다.

기회가 분명히 보일 땐 망설이지 말고 바로 움직이세요.

Invest big when something clearly works for you.

Bigger scale means better results and lower costs.

Small bets bring small results. Big bets can change the game.

The best returns come from bold choices, not safe ones.

Don't hold back when opportunity shows up clearly.

부자는 마음속에서 먼저 성공한다.
What the mind can conceive,
it can achieve.

당신이 상상하고 믿는 것이 결국 현실이 됩니다.
오늘 품은 생각이 내일의 삶을 만들어갑니다.
현실이 되기 전에, 먼저 가능하다고 믿어야 합니다.
큰 꿈은 시간이 지나 큰 성과로 이어집니다.
무엇보다 먼저, 마음속에 성공하는 모습을 또렷하게 그려보세요.

What you imagine and believe becomes your reality.
Your thoughts today create your life tomorrow.
Believe something is possible before you see it happen.
Big dreams lead to big results over time.
Start by seeing success clearly in your mind first.

부자들은 현실을 보기 전에 먼저 상상합니다. 나폴레온 힐이 20년간 연구한 500명의 부자들에게는 공통점이 있었습니다. 그들은 모두 '이루기 전에 이미 이룬 것처럼 생각했다'는 것입니다. 헨리 포드는 자동차 공장을 짓기 전에 이미 머릿속에서 수백만 대의 차를 생산하는 모습을 그렸습니다. 앤드류 카네기는 철강왕이 되기 전에 이미 자신을 철강왕으로 상상했습니다.

부자와 가난한 사람의 차이는 능력이 아니라 믿음입니다. '될 리 없어.'라고 생각하면 정말 안 됩니다. '가능하다.'고 믿으면 방법을 찾습니다. 상상은 목표를 설정하고, 믿음은 행동을 만들고, 행동은 결과를 낳습니다. 부자는 '보이면 믿는다.'가 아니라 '믿으면 보인다.'는 원칙으로 살아갑니다. 먼저 상상하고 확신하세요. 그러면 현실이 따라옵니다.

나폴레온 힐 Napoleon Hill

1883년 10월 26일 미국 버지니아 서남부 애팔래치아 산맥 인근의 마을 '파운드(Pound)' 근처 1실짜리 통나무집에서 태어났습니다. 9세에 어머니를 여의고 방황했지만, 새어머니가 타자기를 선물하며 "너는 작가가 될 거야."라고 격려했습니다. 그가 25세 되던 1908년, 한 잡지사 기자로 철강왕 앤드류 카네기를 인터뷰하러 갔다가 인생이 송두리째 바뀌었습니다. 카네기는 그에게 특별한 미션을 주었습니다.

"미국의 성공한 사람 500명을 만나 그들의 공통점을 찾아라. 20년이 걸릴 테고 돈은 한 푼도 안 줄 것이다."

힐은 수락했습니다. 헨리 포드, 토마스 에디슨, 알렉산더 그레이엄 벨 등 당대 거장들을 만나며 그들의 비밀을 하나씩 풀어냈습니다. 1937년 드디어 《생각하라 그러면 부자가 되리라》를 출간했고, 이 책은 전 세계 1억 부 이상 팔리며 자기계발서의 바이블이 되었습니다. 힐은 1970년 11월 8일 87세로 세상을 떠났지만, 그가 발견한 성공의 법칙은 오늘도 수백만 명의 인생을 바꾸고 있습니다.

나폴레온 힐의 인사이트

상상하고 믿으면, 이룰 수 있다.
Imagine it, believe it, achieve it.

부자는 보이면 믿는 게 아니라, 믿으면 보인다는 원칙으로 산다.
The rich believe first, then see.

오늘의 질문

오늘 나는 무엇을 상상했는가?

'될 리 없어.'라고 생각하며 스스로를 가로막고 있지는 않은가?

부자는 마음속에서 먼저 성공한다.
What the mind can conceive,
it can achieve.

당신이 상상하고 믿는 것이 결국 현실이 됩니다.

오늘 품은 생각이 내일의 삶을 만들어갑니다.

현실이 되기 전에, 먼저 가능하다고 믿어야 합니다.

큰 꿈은 시간이 지나 큰 성과로 이어집니다.

무엇보다 먼저, 마음속에 성공하는 모습을 또렷하게 그려보세요.

What you imagine and believe becomes your reality.

Your thoughts today create your life tomorrow.

Believe something is possible before you see it happen.

Big dreams lead to big results over time.

Start by seeing success clearly in your mind first.

부자는 조용히 기다리지 않고
당당히 요구한다.
You get what you have the courage to ask for.

인생은 당신이 감히 요구한 만큼만 응답합니다.
기회가 저절로 오기만을 조용히 기다리지만 마세요.
정말 원하는 게 있다면, 솔직하게 말하고 직접 요청하세요.
가만히 있으면 아무 일도 일어나지 않습니다.
거절당하는 게 최악이라면, 시도해볼 만하지 않을까요?

Life gives you only what you dare to ask for.
Don't wait quietly hoping opportunities will find you.
Speak up and ask for what you really want.
Staying silent means getting nothing in return.
The worst answer you get is no, so just ask.

부자들은 기회를 기다리지 않고 직접 요구합니다. 1980년대 오프라는 흑인 여성 토크쇼 진행자로서 수많은 편견과 차별에 직면했습니다. 당시 흑인 여성 토크쇼 진행자였던 오프라 윈프리는 편견과 차별 속에서도 시카고의 저조한 아침 프로그램 'A.M. Chicago'를 맡아, 자신의 이름을 건 〈오프라 윈프리 쇼(The Oprah Winfrey Show)〉로 성장시켰습니다. 〈오프라 윈프리 쇼〉는 25년간 최고 시청률을 기록하며 30억 달러의 자산을 만들었습니다.
가난한 사람은 "나한테 기회가 올까?" 하며 기다립니다. 부자는 "내가 기회를 만들겠다."고 요구합니다. 연봉 협상, 투자 기회, 사업 파트너십, 모든 것은 요구하는 사람에게 돌아갑니다. 오프라는 말합니다.
"나는 내가 원하는 것을 얻었다. 왜냐하면 요구했기 때문이다."
부자는 겸손과 자신감의 균형을 압니다. 용기 있게 요구하세요. 침묵은 종종 기회를 지나가게 만듭니다.

오프라 윈프리 Oprah Winfrey

미시시피주 시골 농장, 미혼모의 딸로 태어나 신발도 제대로 신지 못한 채 자랐습니다. 어린 시절 겪은 성적 학대와 가난은 상상을 초월했습니다. 14세에 임신했다가 아기를 잃는 비극까지 겪었습니다. 하지만 포기하지 않았습니다. 방송에 재능이 있다는 것을 알아챈 그녀는 테네시 주립대(Tennessee State University)에서 방송/스피치 커뮤니케이션학을 전공하며 19세에 내슈빌의 CBS 계열 방송국에서 뉴스 앵커 자리를 거머쥐었습니다.

1984년 시카고의 망해가던 토크쇼 진행자로 발탁됐고, 1년 만에 시청률 1위로 역전시켰습니다. 1986년 자신의 이름을 건 쇼를 시작했고, 25년간 4,561회를 방송하며 평균 시청자 1,200만 명이라는 기록을 세웠습니다. 단순히 MC가 아니었습니다. 소유권, 제작권, 배급권까지 모두 챙기며 1988년 할리우드 스튜디오(Harpo Studios)를 설립했고, 2003년 흑인 여성 최초로 억만장자 반열에 올랐습니다. 4억 달러 이상을 자선에 기부했으며, 70대인 지금도 OWN 네트워크를 운영하며 미디어 제국을 이끌고 있습니다.

오프라 윈프리의 인사이트

침묵하면 아무것도 얻지 못한다.
If you stay silent, you get nothing.

기회는 기다리는 게 아니라 만드는 것이다.
Create opportunities. Don't wait for them.

오늘의 질문

오늘 나는 무엇을 '용기 있게' 요구했는가?

침묵하며 기회를 놓치고 있지는 않은가?

부자는 조용히 기다리지 않고
당당히 요구한다.
You get what you have the courage
to ask for.

인생은 당신이 감히 요구한 만큼만 응답합니다.

기회가 저절로 오기만을 조용히 기다리지만 마세요.

정말 원하는 게 있다면, 솔직하게 말하고 직접 요청하세요.

가만히 있으면 아무 일도 일어나지 않습니다.

거절당하는 게 최악이라면, 시도해볼 만하지 않을까요?

Life gives you only what you dare to ask for.

Don't wait quietly hoping opportunities will find you.

Speak up and ask for what you really want.

Staying silent means getting nothing in return.

The worst answer you get is no, so just ask.

부자는 돈을 좇지 않고,
돈이 따르게 만든다.
Become the person
who attracts money.

돈을 좇기보다, 돈이 당신을 따라오게 하세요.
진짜 가치를 만들어내는 능력과 습관을 키우는 데 집중하세요.
문제를 잘 해결하는 사람에게 돈은 자연스럽게 따라옵니다.
먼저 자신을 성장시키면, 부는 그 결과로 따라옵니다.
당신의 진짜 가치가 돈을 끌어당기게 될 거예요.

Don't chase money, let money chase you instead.
Build skills and habits that create real value.
Money follows people who solve problems well.
Grow yourself first, wealth comes after that.
Your value attracts money without you chasing it.

부자들은 돈을 좇지 않고 가치를 만듭니다. 토니 로빈스는 17세에 아파트 청소부로 일하며 주당 40달러를 벌었습니다. 하지만 그는 '어떻게 더 많은 돈을 벌까?'가 아니라 '어떻게 더 많은 사람을 도울까?'를 고민했습니다. 그는 동기부여 강연을 시작했고, 한 명 한 명의 삶을 변화시켰습니다. 사람들은 그의 가치를 알아봤고, 돈은 자연스럽게 따라왔습니다.
지금 그는 연간 수억 달러를 버는 세계 최고의 코치입니다. 돈을 좇는 사람은 항상 돈이 부족합니다. 가치를 만드는 사람은 돈이 넘칩니다. 당신이 누군가의 문제를 해결하면, 상대방은 기꺼이 돈을 냅니다. 좋은 제품을 만들고, 탁월한 서비스를 제공하고, 사람들의 삶을 개선해주세요.
돈은 가치의 교환입니다. 부자는 '얼마를 벌까?'가 아니라 '얼마나 큰 가치를 줄까?'를 먼저 생각합니다. 가치가 커지면 수입은 자동으로 따라옵니다.

토니 로빈스 Tony Robbins

1960년 캘리포니아의 가난하고 폭력적인 가정에서 자랐습니다. 17세에 집을 나와 하루 한 끼로 버티며 청소부로 일했습니다. 어느 날 짐 론의 세미나에 참석했는데, 그날이 전환점이었습니다. NLP(신경언어프로그래밍)와 동기부여의 힘을 배우며 '나도 사람들을 도울 수 있다.'는 확신이 생겼습니다. 24세에 첫 세미나를 열었고, 참가자들의 삶이 극적으로 변하는 모습을 보며 자신의 길을 찾았습니다. 40년간 5천만 명 이상을 가르쳤고, 빌 클린턴 전 대통령부터 세레나 윌리엄스, 레오나르도 디카프리오까지 세계적 인물들을 코칭했습니다. 《네 안에 잠든 거인을 깨워라》, 《머니 MONEY》 등 베스트셀러를 집필했으며, 연간 300회 이상의 강연으로 수억 달러를 법니다. 피지에 5천만 달러짜리 리조트를 소유하고, 자선재단을 통해 4억 끼 이상의 식사를 기부했습니다. 60대 중반인 지금도 전 세계를 오가며 에너지 넘치는 세미나를 이어가고 있습니다.

토니 로빈스의 인사이트

돈을 좇지 말고, 가치를 만들어라.
Don't chase money. Create value.

가치가 커지면 수입은 자동으로 따라온다.
Bigger value, bigger income.

오늘의 질문

오늘 나는 어떤 '가치'를 만들었는가?

돈을 좇고 있는가, 아니면 가치를 만들고 있는가?

부자는 돈을 좇지 않고, 돈이 따르게 만든다.
Become the person who attracts money.

돈을 좇기보다, 돈이 당신을 따라오게 하세요.

진짜 가치를 만들어내는 능력과 습관을 키우는 데 집중하세요.

문제를 잘 해결하는 사람에게 돈은 자연스럽게 따라옵니다.

먼저 자신을 성장시키면, 부는 그 결과로 따라옵니다.

당신의 진짜 가치가 돈을 끌어당기게 될 거예요.

Don't chase money, let money chase you instead.

Build skills and habits that create real value.

Money follows people who solve problems well.

Grow yourself first, wealth comes after that.

Your value attracts money without you chasing it.

부자는 돈을 지배하고, 가난한 사람은 돈에 지배당한다
Gain control over your money.

돈을 스스로 관리하지 않으면, 돈이 오히려 당신을 지배하게 됩니다.
매달 명확한 예산을 세우고, 계획대로 지출해보세요.
들어오는 돈마다 구체적인 쓰임새를 정해주는 것이 중요합니다.
돈이 어디로 사라지는지 모른 채 놓치지 말고, 흐름을 꼼꼼히 살펴보세요.
지출을 통제하지 못하면, 결국 삶의 균형도 무너지게 됩니다.

Control your money or it will control you instead.
Make a clear budget every month and follow it.
Give every dollar a specific job to do.
Track where your money goes before it disappears.
Lose control of spending, lose control of life.

부자들은 돈을 지배하고, 가난한 사람은 돈에 지배당합니다. 1980년대 데이브 램지는 20대에 부동산 포트폴리오 400만 달러를 모았다가, 단기 대출에 과도하게 의존한 탓에 은행이 대출을 한꺼번에 회수하자 1988년 파산을 겪었습니다. 이유는 빚을 통제하지 못했기 때문입니다. 은행이 대출을 회수하자 그는 파산했습니다. 그 순간 깨달았습니다.

'내가 돈을 지배하지 못하면, 돈이 나를 지배한다.'

이후 램지는 모든 것을 바꿨습니다. 매달 예산을 세우고, 모든 지출을 추적하고, 빚을 갚기 시작했습니다. 5년 만에 빚을 모두 청산하고 다시 부자가 되었습니다. 그는 말합니다.

"예산이 없으면 돈은 사라집니다. 계획이 없으면 돈은 흘러갑니다."

부자는 매달 첫날에 이미 모든 돈의 용도를 정해놓습니다. 충동 구매를 하지 않고, 쓸데없는 곳에 돈을 흘리지 않습니다. 돈을 지배하는 자가 부자가 됩니다.

데이브 램지 Dave Ramsey

테네시주 출신으로 26세에 부동산 투자로 백만장자가 되었습니다. 젊은 나이에 성공의 정점을 맛봤지만, 교만과 과욕이 그를 추락시켰습니다. 은행 대출에 의존해 과도한 레버리지를 썼고, 1988년 은행이 대출을 회수하자 순식간에 파산했습니다. 파산 법정에 서는 굴욕을 겪으며 '다시는 빚을 지지 않겠다.'고 맹세했습니다.

성경의 재정 원칙을 공부하며 빚 없는 삶의 중요성을 깨달았고, 1992년 라디오 프로그램 〈The Money Game〉을 시작했습니다. 이후 프로그램명을 〈The Dave Ramsey Show〉로 개명하여 현재까지 진행하고 있습니다. '스노볼 방식(가장 작은 빚부터 갚기)'으로 수백만 명을 빚의 굴레에서 해방시켰고, 《돈의 연금술》은 700만 부 이상 팔렸습니다.

예산 관리와 현금 사용을 강조하며, 신용카드를 가위로 자르는 퍼포먼스로 유명합니다. 테네시주에 램지 솔루션즈 본사를 두고 1,000명 이상을 고용하고 있으며, Financial Peace University로 수백만 가정을 교육했습니다. 60대 중반인 지금도 매일 라디오 쇼를 진행하며 미국 개인 재무 분야 최고 권위자로 활동 중입니다.

데이브 램지의 인사이트

돈을 지배하지 않으면 돈이 당신을 지배한다.
Control money or it controls you.

예산이 없으면 돈은 저절로 사라진다.
No budget, no money.

오늘의 질문

오늘 나는 돈을 어떻게 '통제'했는가?

예산을 세우고 지키고 있는가, 아니면 돈이 어디로 가는지 모르는가?

부자는 돈을 지배하고, 가난한 사람은 돈에 지배당한다.
Gain control over your money.

돈을 스스로 관리하지 않으면, 돈이 오히려 당신을 지배하게 됩니다.

매달 명확한 예산을 세우고, 계획대로 지출해보세요.

들어오는 돈마다 구체적인 쓰임새를 정해주는 것이 중요합니다.

돈이 어디로 사라지는지 모른 채 놓치지 말고, 흐름을 꼼꼼히 살펴보세요.

지출을 통제하지 못하면, 결국 삶의 균형도 무너지게 됩니다.

Control your money or it will control you instead.

Make a clear budget every month and follow it.

Give every dollar a specific job to do.

Track where your money goes before it disappears.

Lose control of spending, lose control of life.

부자는 복리의 법칙을 알고, 가난한 사람은 그 대가를 치른다.
Compound interest is the eighth wonder.

복리는 세상에서 여덟 번째 불가사의라 불릴 만큼 놀라운 힘을 가졌습니다.
이 원리를 아는 사람은 그 힘으로 돈을 벌고,
모르는 사람은 그 힘에 돈을 잃습니다.
시간과 복리가 만나면 진짜 부가 만들어집니다.
그러니 가능한 한 빨리 시작해서, 돈이 스스로 자라게 하세요.

Compound interest is the eighth wonder of the world.
People who understand it earn money from it.
People who don't understand it pay money to it.
Time plus compound interest creates real wealth.
Start early and let your money grow itself.

부자들은 복리의 힘을 이해하고 활용합니다. 아인슈타인이 '세계 8번째 불가사의'라고 부른 복리는 단순하지만 강력합니다. 매달 30만 원을 연 7% 수익률로 30년간 투자하면 3억 5천만 원이 됩니다. 원금은 1억 800만 원이지만, 복리 효과로 2억 4천만 원이 더 불어납니다. 시간이 돈을 만드는 것입니다.

하지만 복리는 양날의 검입니다. 신용카드 빚 500만 원을 연 18% 이자로 방치하면 10년 후 2,700만 원이 됩니다. 복리를 편으로 만들면 부자가 되고, 적으로 만들면 가난해집니다. 부자는 가능한 한 빨리 투자를 시작합니다. 20대에 시작한 사람은 40대에 시작한 사람보다 2배 이상 많은 자산을 만듭니다. 복리를 이해하는 자가 부자가 되고, 무시하는 자는 평생 빚에 허덕입니다.

알버트 아인슈타인 Albert Einstein

1879년 독일 울름에서 태어난 알버트 아인슈타인은 유년기에 말을 늦게 배워 부모와 교사가 걱정했지만, 수학과 물리에서는 일찍부터 비범한 능력을 보였습니다. 취리히 연방공과대학을 졸업한 후 스위스 특허청 직원으로 일하며 1905년 '기적의 해'를 맞이합니다. 특수상대성이론 등 혁명적인 논문 4편을 발표하며 물리학의 판도를 완전히 바꿨습니다. 1915년 일반상대성이론으로 뉴턴 이후 물리학을 재편했고, 1921년 노벨물리학상을 받았습니다.

하지만 아인슈타인의 관심은 물리학에만 머물지 않았습니다. 금융과 투자에도 관심이 많았던 그는 '복리는 세계 8번째 불가사의'라는 말을 남겼습니다. $E=mc^2$만큼이나 복리 공식의 중요성을 강조했습니다. 1933년 나치의 박해를 피해 미국으로 이주해 프린스턴 고등연구소에서 연구를 이어가면서 평화주의자·인권 옹호자로도 활동했고, "상상력은 지식보다 중요하다."는 말로 상상력의 가치를 강조했다. 1955년 76세로 세상을 떠났지만, "상상력은 지식보다 중요하다."는 그의 말처럼, 복리의 마법도 먼저 상상하고 실천하는 자에게 현실이 됩니다.

아인슈타인의 인사이트

복리를 이해하면 부자가 되고, 이해 못 하면 가난해진다.
Understand compounding, get rich. Don't understand it, stay poor.

시작이 빠를수록 수익도 커진다.
The earlier you start, the more you earn.

오늘의 질문

오늘 나는 복리를 어떻게 '활용'했는가?

_____

복리를 내 편으로 만들고 있는가, 아니면 적으로 만들고 있는가?

_____

부자는 복리의 법칙을 알고, 가난한 사람은 그 대가를 치른다. Compound interest is the eighth wonder.

복리는 세상에서 여덟 번째 불가사의라 불릴 만큼 놀라운 힘을 가졌습니다.

이 원리를 아는 사람은 그 힘으로 돈을 벌고,

모르는 사람은 그 힘에 돈을 잃습니다.

시간과 복리가 만나면 진짜 부가 만들어집니다.

그러니 가능한 한 빨리 시작해서, 돈이 스스로 자라게 하세요.

Compound interest is the eighth wonder of the world.

People who understand it earn money from it.

People who don't understand it pay money to it.

Time plus compound interest creates real wealth.

Start early and let your money grow itself.

부자는 가격이 아니라 가치를 산다.
Price vs. Value.

가격은 당신이 지불하는 것이고, 가치는 당신이 얻는 것입니다.
이 둘을 절대 혼동해서는 안 됩니다.
진짜 가치보다 가격이 낮을 때가 좋은 매수 타이밍입니다.
인내심 있는 투자자는 그 차이를 알아보고 큰 수익을 거둡니다.
현명한 돈은 단순히 싼 가격이 아니라, 진짜 가치를 기다립니다.

Price is what you pay, value is what you get.
Never mix up these two different things.
Buy when the price sits below the real value.
Patient investors find the gap and win big.
Smart money waits for value, not just low prices.

부자들은 가격과 가치를 구분합니다. 벤저민 그레이엄은 1929년 대공황 동안 자신의 펀드가 70% 가까이 폭락하는 경험을 하면서, '주가'가 아니라 기업의 내재가치와 충분한 안전마진에 기초해 투자해야 한다는 원칙을 정립했습니다. '싸게 사서 비싸게 파는 것이 아니라, 가치보다 싸게 사서 가치대로 받는 것'입니다. 주가 10만 원이어도 기업 가치가 5만 원이면 비싼 것이고, 주가 5만 원이어도 기업 가치가 10만 원이면 싼 것입니다. 그레이엄의 제자 워런 버핏은 이 원칙으로 코카콜라를 샀습니다. 1988년 코카콜라는 주가가 떨어져 있었지만, 버핏은 기업 가치를 계산했습니다.
"이 회사는 지금 가격보다 2배 이상 가치가 있다."
결과는 어떻게 되었을까요? 버핏이 1988년부터 매수한 코카콜라 지분은 오늘날 250억 달러를 훌쩍 넘는 가치로 불어났고, 매년 8억 달러 안팎의 배당을 만들어내며 '가격은 요동쳐도, 훌륭한 사업의 내재가치는 결국 드러난다.'는 것을 보여줍니다.
부자는 시장 가격에 흔들리지 않습니다. 내재 가치를 계산하고, 가치보다 싸면 사고, 비싸면 기다립니다. 가격은 변하지만 가치는 명확합니다.

벤저민 그레이엄 Benjamin Graham

1894년 5월 9일 영국 런던 출생, 1세 때 뉴욕으로 이민 왔습니다. 컬럼비아대학을 2등으로 졸업하며 철학, 수학, 영문학 교수직 제안을 모두 받았지만, 월스트리트를 택했습니다. 1926년 그레이엄-뉴먼 투자회사를 설립했지만, 1929년 대공황으로 재산의 70%를 잃는 참담한 경험을 합니다. 하지만 이 실패가 가치투자 이론의 토대가 되었습니다.

1934년《증권분석》을 출간해 투자를 도박에서 과학으로 전환시켰고, 1949년《현명한 투자자》로 개인투자자들에게 가치투자를 전파했습니다. 수십 년간 컬럼비아대학과 인연을 맺었으며 워런 버핏을 비롯한 수많은 투자 거장을 길러냈습니다. 버핏은 그를 "아버지 다음으로 영향력 있는 사람"이라고 불렀습니다.

76세에 강의를 그만두고 프랑스로 이주해 언어 연구에 몰두하다 1976년 9월 21일 프랑스 엑상프로방스 자택에서 82세로 세상을 떠났습니다. 그의 가치투자 철학은 오늘날까지 투자 이론의 근간으로 전 세계 투자자들의 나침반이 되고 있습니다.

벤저민 그레이엄의 인사이트

가격은 숫자이고, 가치는 본질이다.
Price is what you pay. Value is what it's really worth.

가격은 변동하지만, 가치는 명확하다.
Price changes, but value stays.

오늘의 질문

오늘 나는 가격과 가치를 어떻게 '구분'했는가?

시장 가격에 흔들리고 있는가, 아니면 내재가치를 보고 있는가?

부자는 가격이 아니라 가치를 산다.
Price vs. Value.

가격은 당신이 지불하는 것이고, 가치는 당신이 얻는 것입니다.

이 둘을 절대 혼동해서는 안 됩니다.

진짜 가치보다 가격이 낮을 때가 좋은 매수 타이밍입니다.

인내심 있는 투자자는 그 차이를 알아보고 큰 수익을 거둡니다.

현명한 돈은 단순히 싼 가격이 아니라, 진짜 가치를 기다립니다.

Price is what you pay, value is what you get.

Never mix up these two different things.

Buy when the price sits below the real value.

Patient investors find the gap and win big.

Smart money waits for value, not just low prices.

부자는 기다림으로 돈을 번다.
Big money comes from waiting.

큰돈은 자주 거래하는 게 아니라, 묵묵히 기다리는 데서 나옵니다.
투자자에게 인내심만큼 강한 무기는 없습니다.
좋은 자산을 골라 오래 가져가세요.
시간이 결국 일을 해내고, 당신을 부자로 만들어줍니다.
너무 서두르지 말고, 그냥 믿고 기다리면 됩니다.

Big money comes from waiting, not trading often.
Patience is your strongest weapon as an investor.
Buy good things and hold them for years.
Time does the work and makes you wealthy.
Stop selling too soon, just sit and wait.

부자들은 인내심으로 돈을 법니다. 찰리 멍거와 워런 버핏은 1988년부터 코카콜라 주식을 사들이기 시작해 약 13억 달러를 투자했고, 30년이 넘는 시간 동안 거의 한 주도 팔지 않았습니다. 그 사이 닷컴 버블이 터졌고, 금융위기가 왔고, 코로나 팬데믹이 왔습니다. 주가는 수십 번 오르고 내렸습니다. 하지만 그들은 움직이지 않았습니다.

결과는 어떻게 되었을까요? 초기 투자금의 50배 이상 수익을 얻게 됩니다. 대부분의 투자자들은 매일 사고팔며 수수료만 냅니다. 부자는 좋은 자산을 사서 10년, 20년, 30년 들고 있습니다. 멍거는 말합니다.

"투자는 간단합니다. 좋은 회사를 사서 앉아 있는 것뿐입니다."

매일 차트를 보고 걱정할 필요가 없습니다. 10년 후를 보세요. 시간이 복리를 만들고, 복리가 부를 만듭니다. 부자는 거래하지 않습니다. 기다립니다. 큰돈은 기다림에서 나옵니다.

찰리 멍거 Charlie Munger

1924년 1월 1일 네브래스카주 오마하, 워런 버핏과 같은 동네에서 태어났습니다. 미시간대학과 하버드 로스쿨을 나와 변호사로 성공적인 커리어를 쌓았지만, 1959년 어느 날 옛 친구 버핏을 다시 만나며 운명이 바뀌었습니다. 1962년 투자 파트너십을 설립했고, 1975년 버크셔 해서웨이 부회장이 되며 버핏의 평생 동반자가 되었습니다. 버핏이 '싼 회사'를 찾았다면, 멍거는 '좋은 회사를 적정 가격에'라는 철학으로 투자 방향을 진화시켰습니다.

코카콜라, 시즈캔디, 애플 등 브랜드 파워가 강한 기업에 장기 투자하며 수십 년간 연평균 20% 내외 수익을 만들어냈습니다. 매년 버크셔 주주총회에서 버핏과 함께 5시간 넘게 투자자들의 질문에 답하는 모습은 '현인들의 대화'로 전설이 되었습니다.

멍거는 검소한 태도를 중요시하며 30년 넘게 같은 집에 살았고, 다방면의 독서와 학습으로 '평생 학습자'를 자처했습니다. 2023년 11월 28일 캘리포니아 병원에서 99세의 나이로 평화롭게 세상을 떠났지만, 그의 지혜는 여전히 전 세계 투자자들의 지침서입니다.

찰리 멍거의 인사이트

사고파는 것이 아니라 기다리는 것이 돈을 만든다.
Trading doesn't pay. Waiting does.

좋은 회사를 사서 앉아 있어라. 그게 전부다.
Buy great companies and hold. That's all there is to it.

오늘의 질문

오늘 나는 얼마나 '기다렸는가'?

_____

매일 사고팔며 수수료만 내고 있지는 않은가?

_____

부자는 기다림으로 돈을 번다.
Big money comes from waiting.

큰돈은 자주 거래하는 게 아니라, 묵묵히 기다리는 데서 나옵니다.

투자자에게 인내심만큼 강한 무기는 없습니다.

좋은 자산을 골라 오래 가져가세요.

시간이 결국 일을 해내고, 당신을 부자로 만들어줍니다.

너무 서두르지 말고, 그냥 믿고 기다리면 됩니다.

Big money comes from waiting, not trading often.

Patience is your strongest weapon as an investor.

Buy good things and hold them for years.

Time does the work and makes you wealthy.

Stop selling too soon, just sit and wait.

부자는 바늘을 찾지 않는다, 시장 전체를 가진다.
Just buy the haystack.

굳이 바늘을 찾으려고 애쓰지 마세요.
개별 주식보다 시장 전체에 투자하는 게 낫습니다.
인덱스 펀드는 시장 전체를 한 번에 담고 있어요.
복잡한 전략보다 단순한 방식이 결국 이깁니다.
시장 전체를 가지고 가세요.
이젠 '수익 날 종목' 찾는 건 그만할 때입니다.

Don't look for the needle, just buy the haystack.
Buy the whole market, not single stocks.
Index funds own everything at once.
Simple wins over complex every time.
Own it all and stop picking winners.

부자들은 복잡하게 생각하지 않습니다. 존 보글은 1975년 혁명적인 아이디어를 냈습니다.
"개별 주식을 고르지 말고, 시장 전체를 사라."
그는 최초의 인덱스펀드를 만들었습니다. 사람들은 비웃었습니다.
"그냥 평균 수익만 내겠다고?"
하지만 50년 후 결과는 명확했습니다. 인덱스펀드는 80%의 펀드매니저들을 이겼습니다.
수수료가 낮고, 분산이 완벽하고, 시장 전체가 성장하기 때문입니다. 삼성전자가 오를지
SK하이닉스가 오를지 고민하지 마세요. 코스피200 인덱스를 사면 200개 기업을 모두 삽
니다. 10개가 망해도 190개가 살립니다. 보글은 '단순함이 재무적 성공의 열쇠'라고 강조
했습니다. 부자는 복잡한 전략으로 시간을 낭비하지 않습니다. 시장 전체를 사고 오래 들고
있습니다. 단순하지만 가장 강력한 전략입니다.

존 보글 John Bogle

1929년 5월 8일 뉴저지주 몬트클레어에서 출생해, 대공황으로 가족이 재산을 모두 잃는 모습을 직접 보며 자랐습니다. 프린스턴대학교에서 경제학을 전공하며 뮤추얼 펀드를 연구했고, 1951년 웰링턴펀드에 입사해 1967년 CEO 자리까지 올랐습니다. 그러나 1974년 이사회와의 갈등으로 해임되는 위기를 겪었고, 이 사건이 오히려 전환점이 되었습니다.

1975년 뱅가드 그룹을 설립하고, 1976년 세계 최초의 개인투자자용 인덱스 펀드를 출시했습니다. 당시 월스트리트는 이를 '보글의 바보짓(Bogle's Folly)'이라 조롱했지만, 50년이 지난 지금 뱅가드는 전 세계 투자자들을 대표하는 거대 자산운용사로 성장했습니다. 저비용 인덱스 투자 철학으로 수백만 명의 투자자에게 막대한 비용을 절감하게 했고, 심장 이식 수술 후에도 투자 교육에 헌신하며 생애 동안 11권의 책을 통해 인덱스 투자의 가치를 전파했습니다.

"영웅이 되려 하지 말고 성인이 되어라."는 말을 남길 만큼 검소하게 살았고, 2019년 89세로 세상을 떠난 후 워런 버핏은 "잭은 내가 지금까지 알아 온 그 어떤 사람보다도, 개인 투자자들을 위해 더 많은 일을 해낸 사람이다(Jack did more for the individual investor than any man I've ever known)."라고 추모했습니다.

존 보글의 인사이트

종목을 고르지 말고, 시장 전체를 사라.
Stop picking stocks. Own the entire market.

단순함이 천재성이다.
Being simple is being smart.

오늘의 질문

오늘 나는 어떻게 '단순하게' 투자했는가?

복잡한 전략으로 시간을 낭비하고 있지는 않은가?

부자는 바늘을 찾지 않는다.
시장 전체를 가진다.
Just buy the haystack.

굳이 바늘을 찾으려고 애쓰지 마세요.

개별 주식보다 시장 전체에 투자하는 게 낫습니다.

인덱스 펀드는 시장 전체를 한 번에 담고 있어요.

복잡한 전략보다 단순한 방식이 결국 이깁니다.

시장 전체를 가지고 가세요.

이젠 '수익 날 종목' 찾는 건 그만할 때입니다.

Don't look for the needle, just buy the haystack.

Buy the whole market, not single stocks.

Index funds own everything at once.

Simple wins over complex every time.

Own it all and stop picking winners.

부자는
'내가 내 인생을 만든다.'고 확신한다.
Rich people believe
'I create my life.'

부자는 '내 인생은 내가 만든다.'고 믿습니다.
반면, 가난한 사람은 '인생은 그냥 일어나는 거야.'라고 생각하죠.
당신이 얻는 모든 결과에 대해 온전히 책임지세요.
피해자는 늘 가난에 머무르고, 창조자는 부를 쌓아갑니다.
오늘의 선택이 내일의 당신을 만듭니다.

Rich people believe 'I create my own life.'
Poor people think 'Life just happens to me.'
Take full responsibility for everything you get.
Victims stay broke, creators build wealth.
Your choices today shape your future tomorrow.

부자들은 자신의 인생에 100% 책임을 집니다. T. 하브 에커는 수많은 부자와 가난한 사람을 관찰한 끝에, 가장 큰 차이는 책임감이라고 말합니다. 부자는 '나는 내 인생을 만든다(I create my life).'고 믿지만, 가난한 사람은 '인생이 나에게 일어난다(Life happens to me).'고 믿으며 남을 탓하는 '피해자 모드'에 머무르는 경향이 있다는 것입니다.

경제가 나빠서? 정부 정책이 나빠서? 부모가 가난해서? 이 모든 것은 결국 변명에 불과합니다. 에커 자신도 여러 사업을 망친 뒤 처음에는 경기와 파트너, 운을 탓했지만, 어느 해에만 네 개의 사업이 연달아 실패하자 비로소 '문제는 업종이 아니라 나'라는 사실을 인정하게 되었고, 태도와 습관을 바꾼 뒤 시작한 다음 사업에서 큰 부를 이루었다고 회고합니다.

그는 "부유한 사람들은 자신의 삶의 결과에 전적인 책임을 지고, 'It will work because I'll make it work(내가 해내기 때문에 될 것이다)!'라는 마음가짐으로 행동한다."며, 책임을 지는 순간 비로소 통제감이 생기고, 통제할 수 있을 때 비로소 결과를 바꿀 수 있다고 강조합니다.

T. 하브 에커 T. Harv Eker

1954년 6월 10일 캐나다 온타리오주 토론토에서 유럽 이민자 부모 사이에서 태어났습니다. 가난이 일상이었고, 20대에 사업에 도전했지만 수십 번 연속 실패했습니다. 친구들은 하나둘 성공하는데 자신만 계속 실패하는 이유를 고민했습니다. 어느 날 번개처럼 깨달았습니다.

'문제는 사업 아이디어가 아니라 내 머릿속에 있다.'

그는 부자와 가난한 사람의 사고방식 차이를 연구하기 시작했고, 30대에 피트니스 용품 사업으로 마침내 성공해 10개 매장을 운영하는 백만장자가 되었습니다. 하지만 진짜 인생의 전환점은 그다음이었습니다. 자신이 발견한 부자 마인드셋을 체계화해 2005년 《백만장자 마인드의 비밀》을 출간했고, 뉴욕타임스 베스트셀러 1위에 오르며 250만 부 이상 팔렸습니다.

부자와 가난한 사람의 17가지 사고방식 차이를 정리했고, 'Millionaire Mind Intensive' 세미나로 전 세계 175만 명 이상을 교육했습니다. 1954년생인 에커는 70대에 접어든 지금도 온라인 코칭과 라이브 세미나를 통해 '내면의 돈 설계도'를 바꾸는 법을 가르치며 활동을 이어가고 있습니다.

T. 하브 에커의 인사이트

변명하는 사람은 가난하고, 책임지는 사람은 부자가 된다.
Excuses lead to poverty. Responsibility leads to wealth.

책임을 지는 순간, 통제권이 생긴다.
The moment you take responsibility, you take control.

오늘의 질문

오늘 나는 무엇에 '책임'을 졌는가?

외부 환경을 탓하고 있는가, 아니면 스스로 바꾸려 하는가?

부자는 '내가 내 인생을 만든다.'고 확신한다.
Rich people believe 'I create my life.'

부자는 '내 인생은 내가 만든다.'고 믿습니다.

반면, 가난한 사람은 '인생은 그냥 일어나는 거야.'라고 생각하죠.

당신이 얻는 모든 결과에 대해 온전히 책임지세요.

피해자는 늘 가난에 머무르고, 창조자는 부를 쌓아갑니다.

오늘의 선택이 내일의 당신을 만듭니다.

Rich people believe 'I create my own life.'

Poor people think 'Life just happens to me.'

Take full responsibility for everything you get.

Victims stay broke, creators build wealth.

Your choices today shape your future tomorrow.

부자는 보여주지 않는다.
조용히 돈을 키운다.
Wealth comes from living
below your means.

대부분의 백만장자는 버는 돈보다 훨씬 적게 씁니다.
화려한 차 대신 중고차를 타고, 평범한 집에서 살아갑니다.
진짜 부는 소비가 아니라 저축에서 나옵니다.
적게 쓸수록 더 빨리 부자가 됩니다.
수입보다 덜 쓰는 삶이 부를 키웁니다.

Most millionaires spend far less than they earn.
They drive used cars and live in normal homes.
Real wealth comes from saving, not from spending.
The less you spend, the richer you become.
Live below your means and watch wealth grow.

진짜 부자는 보이지 않게 삽니다. 토머스 스탠리는 미국 백만장자 수천 가구를 조사한 결과, 그들 대부분이 명품 소비보다 검소한 생활을 택했다고 밝혔습니다. 럭셔리카를 타기보다는 토요타, 포드, 쉐보레 같은 대중 브랜드의 차를 오래 타고, 중산층 동네의 과하지 않은 집에 살며, 수입보다 훨씬 적게 쓰고 남는 돈을 꾸준히 투자했습니다. 왜냐하면 부를 축적하기 위해서입니다. 이것이 바로 부자와 부자인 척하는 사람의 차이입니다.
연봉 5천만 원인데 3천만 원짜리 차를 사면 가난해집니다. 연봉 1억인데 5천만 원 차를 사고 나머지를 투자하면 부자가 됩니다. 스탠리는 발견했습니다.
"백만장자들의 80%는 첫 세대 부자다. 돈을 물려받지 않았다. 검소하게 살며 모았다."
부자는 남에게 보여주려고 돈을 쓰지 않습니다. 자산을 쌓는 데 집중합니다. 검소함이 부의 가속 페달입니다.

토마스 스탠리 Thomas Stanley

조지아대학 마케팅 교수로 재직하던 중, 부유층 소비 패턴을 연구하기 시작했습니다. 처음엔 백만장자들이 고급 브랜드를 선호할 것이라 예상했지만, 연구 결과는 정반대였습니다. 진짜 부자들은 명품을 사지 않았고, 중고차를 탔으며, 검소하게 살았습니다. 그는 30년간 미국 백만장자 1만 명 이상을 인터뷰하고 설문조사하며 그들의 진짜 습관을 추적했습니다.

1996년 윌리엄 댄코와 함께 《이웃집 백만장자》를 출간했고, 이 책은 뉴욕타임스 베스트셀러 1위에 오르며 300만 부 이상 팔렸습니다. '백만장자의 80%는 자수성가했고, 수입보다 적게 쓰며, 자산 축적에 집중한다.'는 데이터로 부에 대한 통념을 완전히 뒤집었습니다.

《부자들의 선택》 등 9권의 책을 집필했습니다. 2015년 71세로 교통사고로 갑작스럽게 세상을 떠났지만, 그의 연구는 '보이는 부'가 아닌 '진짜 부'를 추구하도록 수백만 명에게 영감을 주고 있습니다.

토마스 스탠리의 인사이트

진짜 부자는 보이지 않게 산다.
Real millionaires live below the radar. 또는 Quiet money is real money.

부자는 쓰는 게 아니라 쌓는 것이다.
Rich people build wealth instead of just spending it.

오늘의 질문

오늘 나는 얼마나 '검소'했는가?

남에게 보여주려고 돈을 쓰고 있지는 않은가?

부자는 보여주지 않는다.
조용히 돈을 키운다.
Wealth comes from living
below your means.

대부분의 백만장자는 버는 돈보다 훨씬 적게 씁니다.

화려한 차 대신 중고차를 타고, 평범한 집에서 살아갑니다.

진짜 부는 소비가 아니라 저축에서 나옵니다.

적게 쓸수록 더 빨리 부자가 됩니다.

수입보다 덜 쓰는 삶이 부를 키웁니다.

Most millionaires spend far less than they earn.

They drive used cars and live in normal homes.

Real wealth comes from saving, not from spending.

The less you spend, the richer you become.

Live below your means and watch wealth grow.

부는 지능이 아니라 행동에 달려 있다.
Money is about behavior, not IQ.

돈을 잘 관리하는 건 머리가 좋은 것과는 상관없습니다.
핵심은 매일 돈을 어떻게 다루느냐에 달려 있어요.
좋은 습관이 높은 IQ보다 훨씬 강력합니다.
진짜 부는 똑똑함이 아니라, 반복되는 행동에서 만들어집니다.
작은 선택을 꾸준히 이어가면, 시간과 함께 부는 따라옵니다.

Managing money well has nothing to do with being smart.
It's all about how you behave with money daily.
Good money habits beat high IQ every single time.
Wealth comes from repeated actions, not intelligence.
Stay consistent with small choices and get rich slowly.

부자가 되는 것은 IQ가 아니라 습관입니다. 모건 하우절은 수십 년간 투자자들을 연구하며 놀라운 사실을 발견했습니다. 하버드 MBA 출신이 파산하고, 고졸 트럭 기사가 억만장자가 되는 이유는? 행동의 차이였습니다. 똑똑한 사람은 과신해서 레버리지를 쓰다가 날아갔고, 평범한 사람은 매달 꾸준히 저축하고 투자하며 부자가 되었습니다.

하우절이 제시하는 부의 공식은 놀랍도록 단순합니다. 수입보다 적게 쓰고, 차액을 저축·투자하고, 긴 시간 동안 인내하라는 것입니다. 그는 "수입보다 적게 쓰고, 남는 돈을 저축한 뒤 인내하는 것이 재무 성공에 필요한 지식의 90%."라고 말하며, 이 단순한 행동을 실제로 꾸준히 실천하는 소수만이 장기적으로 큰 부를 이룬다고 강조합니다. 부는 지능이 아니라 반복된 올바른 행동에서 나옵니다.

모건 하우절 Morgan Housel

미국 USC 경제학과를 나왔지만, 진짜 배움은 2008년 금융위기 현장에서 시작되었습니다. 월스트리트저널 기자로 일하며 똑똑한 사람들이 파산하고 평범한 사람들이 부자가 되는 아이러니를 목격했습니다. Motley Fool과 Collaborative Fund에서 일하며 투자에서 심리와 행동의 중요성을 깊이 연구했습니다. 2020년 《돈의 심리학》을 출간했고, 이 책은 전 세계 50개 언어로 번역되며 400만 부 이상 팔렸습니다.

하버드 MBA 출신이 파산하고 고졸 청소부가 800만 달러를 모은 실제 사례들로 '돈을 다루는 능력은 IQ가 아니라 행동'이라는 것을 증명했습니다. 두 아이의 아버지로 워싱턴주 시애틀에서 검소하게 살며, 베스트셀러 작가가 된 후에도 가족과의 시간을 우선시합니다. 40대인 지금도 블로그와 팟캐스트로 행동경제학과 투자 심리에 대한 통찰을 나누고 있습니다.

모건 하우절의 인사이트

똑똑함이 아니라 습관이 부자를 만든다.
Good habits make you rich, not just being smart.

부자가 되는 공식은 단순하다. 문제는 실행이다.
Getting rich is simple in theory, but hard in practice.

오늘의 질문

오늘 나는 어떤 '좋은 습관'을 실천했는가?

똑똑한 척하며 복잡하게 투자하고 있지는 않은가?

부는 지능이 아니라
행동에 달려 있다.
Money is about behavior, not IQ.

돈을 잘 관리하는 건 머리가 좋은 것과는 상관없습니다.

핵심은 매일 돈을 어떻게 다루느냐에 달려 있어요.

좋은 습관이 높은 IQ보다 훨씬 강력합니다.

진짜 부는 똑똑함이 아니라, 반복되는 행동에서 만들어집니다.

작은 선택을 꾸준히 이어가면, 시간과 함께 부는 따라옵니다.

Managing money well has nothing to do with being smart.

It's all about how you behave with money daily.

Good money habits beat high IQ every single time.

Wealth comes from repeated actions, not intelligence.

Stay consistent with small choices and get rich slowly.

부자는 먼저 생각을 바꾼다.
돈은 그다음이다.
Financial freedom starts
in your mind.

재정적 자유는 먼저 마음에서 시작됩니다.
배우고자 하는 사람이라면 누구에게나 기회는 열려 있어요.
생각을 바꾸면 통장도 달라집니다.
돈에 대해 배우는 것이, 더 많이 버는 것보다 중요합니다.
오늘의 생각이 내일의 부를 만듭니다.

Financial freedom starts in your mind.
Financial freedom is open to anyone willing to learn.
It starts in your mind first, not your wallet.
Change how you think, change your bank balance.
Learning about money beats earning more money.
Your mindset today decides your wealth tomorrow.

부자는 시스템을 만들고, 가난한 사람은 의지력에 의존합니다. 데이비드 바크가 수백만 명을 부자로 만든 비결은 '자동적 백만장자' 시스템입니다. 매달 의지력으로 '이번 달은 저축해야지.'라고 다짐하면 실패합니다. 하지만 월급이 들어오는 날 자동으로 20%가 투자 계좌로 이동하면? 생각할 필요도 없습니다. 자동으로 부자가 됩니다.
바크는 말합니다.
"부자가 되고 싶으면 부자처럼 생각하세요."
가난한 사람은 "돈이 없어서 투자 못 해."라고 합니다. 부자는 '투자하려면 돈을 만들어야지.'라고 생각합니다. 시각의 차이입니다. 재정 교육을 받으세요. 책을 읽고, 강의를 듣고, 부자들의 습관을 배우세요. 생각이 바뀌면 행동이 바뀌고, 행동이 바뀌면 통장 잔고가 바뀝니다. 재정적 자유는 지식에서 시작됩니다.

데이비드 바크 David Bach

USC를 졸업하고 20대에 모건스탠리(Morgan Stanley) 재정 상담가로 일했습니다. 고객들을 상담하며 흥미로운 패턴을 발견했습니다. 복잡한 재정 계획을 세운 사람보다 간단한 자동화 시스템을 만든 사람이 더 성공한다는 것이었습니다. 부모님이 일찍부터 저축의 중요성을 가르쳐줬고, 10대 때부터 자동 저축을 실천했던 개인 경험이 큰 영감이 되었습니다.

2001년 《자동으로 부자되기》를 출간해 뉴욕타임스 베스트셀러 1위에 올랐고 150만 부 이상 팔렸습니다. '라떼 팩터(Latte Factor)'로 유명해졌는데, 매일 5달러씩 쓰는 습관이 30년 후 수억 원의 차이를 만든다는 것을 보여줬습니다. 9권의 책을 집필해 700만 부 이상 판매했고, NBC 〈Today Show〉에 정기 출연하며 대중에게 재정 교육을 제공했습니다. 60대를 바라보는 지금도 온라인 플랫폼과 강연을 통해 "누구나 부자가 될 수 있다!"는 메시지를 전파하고 있습니다.

데이비드 바크의 인사이트

돈이 없어서가 아니라 배우지 않아서 가난하다.
Poverty is not about money; it's about mindset and education.

생각을 바꾸면 통장 잔고가 바뀐다.
Change your thinking, change your bank balance.

오늘의 질문

오늘 나는 재정에 대해 무엇을 배웠는가?

자동화 시스템을 만들었는가, 아니면 의지력에만 의존하는가?

부자는 먼저 생각을 바꾼다. 돈은 그다음이다. Financial freedom starts in your mind.

재정적 자유는 먼저 마음에서 시작됩니다.

배우고자 하는 사람이라면 누구에게나 기회는 열려 있어요.

생각을 바꾸면 통장도 달라집니다.

돈에 대해 배우는 것이, 더 많이 버는 것보다 중요합니다.

오늘의 생각이 내일의 부를 만듭니다.

Financial freedom starts in your mind.

Financial freedom is open to anyone willing to learn.

It starts in your mind first, not your wallet.

Change how you think, change your bank balance.

Learning about money beats earning more money.

Your mindset today decides your wealth tomorrow.

벤저민 프랭클린 Benjamin Franklin

부자는 돈보다 시간을 먼저 관리한다.
The rich manage time before money.

시간은 돈입니다. 이 단순한 진리를 절대 잊지 마세요.
시간을 낭비하는 건 곧 인생을 낭비하는 겁니다.
당신의 모든 시간에는 진짜 가치가 담겨 있어요.
시간을 제대로 쓰지 않으면 결국 많은 걸 잃게 됩니다.
오늘 시간을 현명하게 써야, 내일의 부를 만들 수 있습니다.

Time is money, never forget this simple truth.
Wasting your time means wasting your whole life.
Every single hour you have holds real value.
Use your time well or lose everything later.
Spend time wisely today, build wealth for tomorrow.

부자들은 시간을 돈처럼 관리합니다. 벤저민 프랭클린은 매일 새벽 5시에 일어나 '오늘 나는 무엇을 할 것인가?'를 물었습니다. 저녁에는 '오늘 나는 무엇을 이뤘는가?'를 물었습니다. 그는 과학자, 발명가, 외교관, 사업가로 성공했습니다. 비결은 시간을 낭비하지 않았기 때문입니다. 프랭클린은 말합니다.
"시간을 낭비하는 것은 인생을 낭비하는 것이다."
하루 2시간 유튜브를 보면 1년에 730시간을 잃습니다. 10년이면 7,300시간입니다. 그 시간에 책을 읽고, 공부하고, 사업을 하면? 전문가가 되고, 수입이 올라가고, 부자가 됩니다. 부자는 시간당 가치를 계산합니다.
"이 행동은 시간당 얼마의 가치를 만드는가?"
시간을 아끼고 투자하세요. 시간이 곧 인생이고, 인생이 곧 부입니다.

벤저민 프랭클린 Benjamin Franklin

1706년 보스턴의 가난한 집에서 17명 형제 중 15번째로 태어났습니다. 정규 교육은 고작 2년, 12세부터 형의 인쇄소에서 견습공으로 일하며 '시간은 돈이다'를 몸으로 배웠습니다. 17세에 필라델피아로 떠나 인쇄업으로 성공했고, 1732년 《리처드의 달력》을 출간해 25년간 매년 발행하며 검소함과 시간 관리의 중요성을 전파했습니다.

"절약한 1페니가 번 1페니(A penny saved is a penny earned)."라는 명언을 남겼으며, 시간 낭비를 인생 낭비로 본 최초의 생산성 철학자였습니다. 42세에 사업에서 은퇴해 충분한 돈을 모았고, 이후 과학과 공공 봉사에 헌신했습니다. 피뢰침과 이중초점 안경을 발명하고, 미국 독립선언서 작성에 참여했으며, 프랑스 대사로서 독립전쟁 승리를 이끌었습니다. 필라델피아에 최초의 공공 도서관, 소방서, 병원을 설립했습니다. 1790년 84세로 세상을 떠나며 보스턴과 필라델피아에 각각 1,000파운드를 기부해 복리로 불려 200년 후 학생 장학금으로 쓰이게 했습니다.

벤저민 프랭클린의 인사이트

시간 낭비는 인생 낭비다.
Wasting time is wasting your life.

시간당 가치를 계산하라.
Know how much your time is worth per hour.

오늘의 질문

오늘 나는 시간을 어떻게 '현명하게' 썼는가?

———————————————————————————————

하루 중 몇 시간을 의미 없이 흘려보내고 있는가?

———————————————————————————————

부자는 돈보다 시간을 먼저 관리한다.
The rich manage time
before money.

시간은 돈입니다. 이 단순한 진리를 절대 잊지 마세요.

시간을 낭비하는 건 곧 인생을 낭비하는 겁니다.

당신의 모든 시간에는 진짜 가치가 담겨 있어요.

시간을 제대로 쓰지 않으면 결국 많은 걸 잃게 됩니다.

오늘 시간을 현명하게 써야, 내일의 부를 만들 수 있습니다.

Time is money, never forget this simple truth.

Wasting your time means wasting your whole life.

Every single hour you have holds real value.

Use your time well or lose everything later.

Spend time wisely today, build wealth for tomorrow.

피터 린치 **Peter Lynch**

부자는 두려움에 팔지 않고, 기회에 산다.
Don't get scared out of stocks.

폭락을 두려워하다가, 정작 폭락보다 더 큰 손해를 봅니다.
가격이 떨어졌다고 당황해서 팔지 마세요.
하락장은 도망칠 때가 아니라 더 살 기회입니다.
침착하게 주식을 계속 보유하세요.
두려움은 가난을 만들고, 인내는 부를 만듭니다.

More money is lost fearing crashes than in crashes.
Don't panic and sell when prices drop down.
Falling prices mean buy more, not run away.
Stay calm and keep your money in stocks.
Fear keeps you broke, patience makes you wealthy.

부자들은 폭락을 기회로 봅니다. 피터 린치는 13년간 마젤란 펀드를 운용하며 연평균 29% 수익을 냈습니다. 비결은? 폭락할 때 샀기 때문입니다. 1987년 블랙 먼데이, 시장이 하루 만에 22% 폭락했습니다. 투자자들은 패닉에 빠져 팔았습니다. 린치는 어떻게 했을까요? 폭락 국면을 기회로 활용했습니다. 린치는 말합니다.
"좋은 회사가 할인 판매하는데 왜 안 사는가? 폭락을 걱정하면 더 많은 돈을 잃는다."
1987년 폭락을 걱정해서 주식을 안 샀다면? 지난 40년간 S&P 500은 2,000% 올랐습니다. 엄청난 기회를 놓친 것입니다. 시장은 항상 회복했습니다. 1929년 대공황, 2008년 금융위기, 2020년 코로나. 모두 회복하고 더 올랐습니다. 부자는 폭락을 두려워하지 않습니다. 오히려 기회로 봅니다. 싸게 살 수 있는 찬스입니다. 겁먹지 마세요. 담대하게 투자하세요.

피터 린치 Peter Lynch

보스턴에서 태어나 10세에 아버지를 암으로 잃으며 가난을 겪었습니다. 골프장 캐디로 일하며 부자들의 주식 이야기를 들었고, 그것이 투자에 대한 첫 호기심이 되었습니다. 보스턴 칼리지와 와튼 스쿨 MBA를 받았고, 1969년 피델리티에 입사했습니다. 1977년 33세에 마젤란 펀드 매니저가 되어 13년 간(1977~1990) 연평균 29.2% 수익률이라는 전설적 기록을 세웠습니다. 펀드를 2,000만 달러에서 140억 달러로 777배 성장시켰습니다.

'당신이 아는 기업에 투자하라.'는 원칙으로 일상에서 발견한 던킨 도너츠, 타코벨 등에 투자해 수십 배 수익을 냈습니다. 46세에 가족과 더 많은 시간을 보내기 위해 은퇴했고, 《One Up On Wall Street》,《Beating the Street》를 집필해 개인투자자들에게 투자 철학을 전했습니다. 교육, 의료, 문화 분야에 수억 달러를 기부했으며, 80대가 된 지금도 피델리티 이사로 활동하며 가끔 투자 조언을 나누고 있습니다.

피터 린치의 인사이트

폭락은 위기가 아니라 기회다.
A market crash is not a crisis; it is an opportunity.

폭락을 걱정하느라 더 많은 돈을 잃는다.
More money is lost by fear of crashes than by crashes.

오늘의 질문

오늘 나는 하락장에서 얼마나 침착했는가?

폭락을 두려워하며 기회를 놓치고 있지는 않은가?

부자는 두려움에 팔지 않고, 기회에 산다.
Don't get scared out of stocks.

폭락을 두려워하다가, 정작 폭락보다 더 큰 손해를 봅니다.

가격이 떨어졌다고 당황해서 팔지 마세요.

하락장은 도망칠 때가 아니라 더 살 기회입니다.

침착하게 주식을 계속 보유하세요.

두려움은 가난을 만들고, 인내는 부를 만듭니다.

More money is lost fearing crashes than in crashes.

Don't panic and sell when prices drop down.

Falling prices mean buy more, not run away.

Stay calm and keep your money in stocks.

Fear keeps you broke, patience makes you wealthy.

부자는 자주 이기기보다 크게 이긴다.
Win big when you're right.

자주 맞고 틀리는 건 그렇게 중요하지 않습니다.
진짜 중요한 건, 맞았을 때 얼마나 크게 버느냐입니다.
한 번의 큰 수익이 여러 번의 작은 손실을 충분히 만회합니다.
진짜 확신이 들 때는 과감하게 투자하세요.
작은 수익도 의미 있지만, 큰 수익은 판을 바꿉니다.

Being right or wrong often doesn't really matter.
What matters is how much you win when right.
One huge win covers many tiny losses easily.
Bet big when you feel truly confident about it.
Small wins add up, but big wins change everything.

부자들은 승률이 아니라 승리의 크기를 중시합니다. 조지 소로스는 1992년 영국 파운드화
가 과대평가되었다고 판단했습니다. 그는 100억 달러를 빌려 파운드화를 공매도 했습니다.
엄청난 위험이었습니다. 틀리면 파산이었습니다. 하지만 그는 '이번은 맞다.'고 확신했습니
다. 결과는? 하루 만에 10억 달러를 벌었습니다. 소로스는 10번 중 6번 틀립니다. 하지만 부
자입니다. 왜? 맞을 때 크게 베팅하기 때문입니다.
작은 확신으로 작게 베팅하면 작게 이깁니다. 큰 확신으로 크게 베팅하면 크게 이깁니다.
부자는 확신이 없으면 안 합니다. 하지만 확신이 서면 전부를 겁니다. 승률을 높이려 애쓰
지 마세요. 대신 확신할 때를 기다리세요. 그리고 그때 크게 가세요. 한 번의 대승이 수십 번
의 작은 손실을 커버합니다.

조지 소로스 George Soros

1930년 8월 12일 헝가리 부다페스트에서 유대인 가정의 아들로 태어났습니다. 14세에 나치 점령을 겪으며 가짜 신분증으로 홀로코스트에서 살아남았습니다.

1947년 영국으로 망명해 런던정경대학에서 철학자 칼 포퍼의 가르침을 받았고, 1956년 미국으로 건너가 투자 분석가로 일하다 1970년 짐 로저스와 퀀텀 펀드를 창립했습니다. 1992년 '영란은행을 무너뜨린 남자'로 전설이 되었습니다. 영국 파운드화가 과대평가 되었다고 판단하고 100억 달러를 빌려 공매도해 하루 만에 10억 달러를 벌었습니다. 40년간 연평균 30% 수익을 기록했고, '중요한 건 승률이 아니라 맞을 때 얼마나 크게 버느냐.'는 철학으로 확신이 설 때 과감하게 베팅했습니다. 2011년 퀀텀 펀드에서 은퇴하며 외부 투자자 자금을 모두 반환했고, 오픈소사이어티 재단을 통해 민주주의, 인권, 교육에 320억 달러 이상을 기부했습니다. 90대 중반인 지금도 정치·경제 평론가로 활동하며 영향력을 발휘하고 있습니다.

조지 소로스의 인사이트

자주 맞는 것보다 맞을 때 크게 버는 게 중요하다.
It's not about being right a lot, it's about winning big when you are.

확신이 없으면 하지 말고, 확신이 서면 전부를 걸어라.
No confidence? Don't do it. 100% sure? Go all in.

오늘의 질문

오늘 나는 확신할 때 얼마나 '크게' 갔는가?

승률만 높이려 애쓰며 작은 베팅만 하고 있지는 않은가?

부자는 자주 이기기보다. 크게 이긴다.
Win big when you're right.

자주 맞고 틀리는 건 그렇게 중요하지 않습니다.

진짜 중요한 건, 맞았을 때 얼마나 크게 버느냐입니다.

한 번의 큰 수익이 여러 번의 작은 손실을 충분히 만회합니다.

진짜 확신이 들 때는 과감하게 투자하세요.

작은 수익도 의미 있지만, 큰 수익은 판을 바꿉니다.

Being right or wrong often doesn't really matter.

What matters is how much you win when right.

One huge win covers many tiny losses easily.

Bet big when you feel truly confident about it.

Small wins add up, but big wins change everything.

부자는 돈을 모으지 않는다.
움직이게 한다.
Save to invest, not just save.

저축은 나중에 투자하기 위해서만 하세요.
그냥 모아두기만 하면, 시간이 지날수록 더 가난해집니다.
모은 돈은 바로 일하게 만들어야 합니다.
가만히 있는 돈은 가치가 줄고, 움직이는 돈은 자랍니다.
인플레이션은 저축을 갉아먹지만, 투자는 그걸 이겨냅니다.

Save money only to invest it later on.
Just saving alone makes you poorer over time.
Put your saved money to work right away.
Money sitting still loses value, moving money grows.
Inflation eats savings, but investment beats inflation.

부자들은 저축을 목표가 아니라 수단으로 봅니다. 그랜트 카돈은 경고합니다.
"은행에 돈을 놔두면 가난해집니다."
인플레이션이 연 3%라면 100만 원의 구매력은 1년 후 97만 원이 됩니다. 10년 후엔 74만
원입니다. 저축만 하면 실질적으로 돈을 잃는 것입니다. 카돈은 20대에 모든 저축을 부동산
에 투자했습니다. 친구들은 "미쳤다."고 했습니다. 하지만 10년 후 그의 자산은 수십 배 이
상 늘었습니다. 친구들은 여전히 통장에 돈을 놔두고 있었습니다.
부자는 저축을 투자의 준비 단계로 봅니다. 3개월치 생활비는 비상금으로 놔두고, 나머지
는 즉시 투자합니다. 주식, 부동산, 사업. 돈이 일하게 만드세요. 가만히 놔두면 줄어듭니다.
움직이면 불어납니다. 저축은 시작이고, 투자가 목적입니다.

그랜트 카돈 Grant Cardone

루이지애나주에서 태어나 10세에 아버지를 잃으며 힘든 유년기를 보냈습니다. 대학 졸업 후 자동차 세일즈맨으로 일했지만 25세에 마약 중독으로 재활센터에 입원했습니다. 인생 최악의 순간이었지만, 회복 후 '다시는 실패하지 않겠다.'고 맹세했습니다. 판매 기술을 연마해 30세에 백만장자가 되었지만, 진짜 부는 부동산에서 나왔습니다. 공격적으로 아파트와 상업용 빌딩을 사들였고, 현재 40억 달러 이상의 부동산을 소유하고 있습니다.

'10X Rule(10배 법칙)'으로 유명하며 "목표의 10배를 생각하고 10배를 행동하라."고 강조합니다. 세미나와 온라인 프로그램으로 연간 수천만 달러를 벌고 있으며, 소셜미디어에 1500만 명 이상의 팔로워를 보유하고 있습니다. 마이애미에서 아내, 두 딸과 함께 살며 프라이빗 제트로 전 세계를 다니며 강연합니다. 60대 후반인 지금도 매일 콘텐츠를 제작하고 부동산 거래를 진행하며 "저축이 아니라 투자"라는 메시지를 전파하고 있습니다.

그랜트 카돈의 인사이트

저축은 당신을 안전하게 지켜주고, 투자는 부를 만들어준다.
Saving keeps you safe. Investing builds wealth.

돈은 일하게 만들어라. 가만히 두지 마라.
Money should work, not nap.

오늘의 질문

오늘 나는 저축을 어떻게 '투자'로 바꿨는가?

———————————————————————————————

은행에 돈을 놔두며 인플레이션에 당하고 있지는 않은가?

———————————————————————————————

부자는 돈을 모으지 않는다.
움직이게 한다.
Save to invest, not just save.

저축은 나중에 투자하기 위해서만 하세요.

그냥 모아두기만 하면, 시간이 지날수록 더 가난해집니다.

모은 돈은 바로 일하게 만들어야 합니다.

가만히 있는 돈은 가치가 줄고, 움직이는 돈은 자랍니다.

인플레이션은 저축을 갉아먹지만, 투자는 그걸 이겨냅니다.

Save money only to invest it later on.

Just saving alone makes you poorer over time.

Put your saved money to work right away.

Money sitting still loses value, moving money grows.

Inflation eats savings, but investment beats inflation.

돈은 다시 벌 수 있지만
시간은 절대 되돌릴 수 없다.
Time is more valuable than money.

시간은 돈보다 훨씬 더 소중합니다.
돈은 다시 벌 수 있어도, 시간은 결코 되돌릴 수 없습니다.
무엇보다 시간을 먼저 현명하게 써야 합니다.
시간은 인생에서 가장 귀한 자산이에요.
돈은 잃어도 회복할 수 있지만,
잃어버린 시간은 영원히 돌아오지 않습니다.

Time matters more than money ever will.
You can earn money back, but never time.
Use your time wisely before spending any money.
Time is your most valuable asset in life.
Waste money and recover, waste time and lose forever.

부자들은 돈보다 시간에 먼저 투자합니다. 짐 론은 말합니다.
"부자는 시간을 투자하고, 가난한 사람은 시간을 소비한다."
하루 1시간 책을 읽으면 1년이면 365시간입니다. 10년이면 3,650시간입니다. 전문가가 되기에 충분한 시간입니다. 하루 1시간 운동하면 10년 후 건강한 몸이 됩니다. 하루 1시간 부업을 하면 10년 후 사업가가 됩니다.
론 자신도 25세에 파산했습니다. 그때 멘토를 만나 조언을 들었습니다.
"매일 1시간씩 자기계발에 투자하라."
그는 매일 책을 읽고, 세미나를 듣고, 성공한 사람들을 만났습니다. 5년 후 백만장자가 되었습니다. 부자는 알고 있습니다. 시간이 가장 희소한 자원이라는 것을. 돈은 다시 벌 수 있지만 시간은 절대 되돌릴 수 없습니다. 오늘 하루를 어디에 썼는지가 10년 후를 결정합니다.
시간을 현명하게 투자하세요.

짐 론 Jim Rohn

짐 론은 1930년 9월 17일 미국 워싱턴주 야키마(Yakima)에서 태어났고, 부모는 이후 아이다호주 콜드웰 근처에서 농장을 운영했습니다. 가난했지만 평범한 삶이었습니다. 25세에 결혼하고 아이가 생겼지만 은행 계좌엔 몇 달러밖에 없었습니다. 어느 날 걸스카우트 소녀가 쿠키를 팔러 왔지만 "돈이 없다"고 거절했습니다. 그날 밤 거울 앞에 서서 이대로는 안 된다고 결심했습니다. 멘토 얼 쇼프를 만나 인생이 바뀌었습니다.

"매일 1시간씩 자기계발에 투자하라."는 조언을 받고, 매일 책을 읽고 세미나에 참석했습니다. 5년 만에 백만장자가 되었고, 1963년부터 동기부여 강연을 시작했습니다. 40년간 전 세계 수백만 명에게 성공 철학을 가르쳤으며, "당신은 가장 가까운 5명의 평균이다"라는 명언으로 환경과 인간관계의 중요성을 강조했습니다. 토니 로빈스, 브라이언 트레이시 등 수많은 자기계발 강사들의 스승이 되었습니다. 검소하게 살았지만 자선활동에 헌신했고, 책과 오디오 프로그램을 통해 시간 관리와 자기계발의 중요성을 전파했습니다. 2009년 12월 5일 폐섬유증으로 79세에 세상을 떠났지만 그의 메시지는 여전히 전 세계 수백만 명에게 영감을 주고 있습니다.

짐 론의 인사이트

돈은 다시 벌 수 있지만, 시간은 되돌릴 수 없다.
Money comes back. Time never does.

시간을 투자하는 자가 부자가 되고, 시간을 소비하는 자는 가난해진다.
Invest time, get rich. Waste time, stay poor.

오늘의 질문

오늘 나는 시간을 어디에 '투자'했는가?

_____

10년 후의 나를 위해 오늘 하루를 현명하게 썼는가?

_____

돈은 다시 벌 수 있지만
시간은 절대 되돌릴 수 없다.
Time is more valuable than money.

시간은 돈보다 훨씬 더 소중합니다.

돈은 다시 벌 수 있어도, 시간은 결코 되돌릴 수 없습니다.

무엇보다 시간을 먼저 현명하게 써야 합니다.

시간은 인생에서 가장 귀한 자산이에요.

돈은 잃어도 회복할 수 있지만,

잃어버린 시간은 영원히 돌아오지 않습니다.

Time matters more than money ever will.

You can earn money back, but never time.

Use your time wisely before spending any money.

Time is your most valuable asset in life.

Waste money and recover, waste time and lose forever.

전략

✦✦✦   ✦✦✦

혁신과 차별화로
시장을 지배하라

부자는 남의 마진에서 기회를 본다.
Your margin is my opportunity.

당신이 높게 남기는 이윤이, 내가 이길 기회가 됩니다.
비싼 가격은 더 저렴한 경쟁자가 들어올 틈을 만듭니다.
시간이 지나면 낮은 가격과 좋은 서비스가 결국 승리합니다.
비용을 줄이고, 그 절감 효과를 고객과 나누세요.
품질 좋고 가격까지 저렴한 선택지가 결국 시장을 장악합니다.

Your high profit gives me a chance to win.
High prices leave space for someone cheaper.
Low prices and good service win over time.
Lower your costs and share savings with customers.
The cheapest quality option takes the whole market.

부자들은 단기 이윤보다 장기 지배를 선택합니다. 1990년대 서점들은 책 한 권당 30~40%의 마진을 남겼습니다. 제프 베이조스는 그 마진을 기회로 봤습니다.
"저들의 높은 이윤이 내 기회다."
아마존은 책을 거의 원가에 팔았습니다. 이윤은 5%도 안 됐습니다. 경쟁자들은 "저렇게 하면 망한다."며 비웃었습니다. 하지만 베이조스의 전략은 달랐습니다. 낮은 가격으로 고객을 끌어모으고, 규모를 키우고, 효율을 극대화했습니다. 10년 후 서점들은 파산했고, 아마존은 세계 최대 기업이 되었습니다.
부자는 한 건으로 큰돈을 버는 것보다 시장 전체를 차지하는 것을 선택합니다. '부자는 남의 마진에서 기회를 본다.'는 경쟁자의 욕심을 공격하는 전략입니다. 낮은 마진, 높은 점유율. 이것이 베이조스의 승리 공식입니다.

제프 베이조스 Jeff Bezos

1964년 뉴멕시코주 출생, 10대 시절 차고를 과학 실험실로 만들 정도로 호기심이 많았습니다. 프린스턴에서 컴퓨터과학을 전공한 뒤 월스트리트에서 젊은 나이에 부사장이 되었지만, 인터넷의 폭발적 성장 가능성을 보고 1994년 안정된 직장을 박차고 나왔습니다. 31세, 시애틀 차고에서 부모님께 빌린 30만 달러로 온라인 서점을 시작했습니다. '지구상에서 가장 고객 중심적인 회사'를 만들겠다는 원대한 비전 하나만 들고서요.

초기 몇 년간 적자를 감수하며 낮은 가격과 빠른 배송으로 고객을 확보했고, 서점에서 시작해 '모든 것을 파는' 전자상거래 제국으로 확장했습니다. AWS로 클라우드 시장을 장악했고, 킨들과 알렉사로 하드웨어 혁신까지 이뤘습니다. 2021년 CEO에서 물러날 때 시가총액 1조 7천억 달러를 만들었고, 블루 오리진으로 우주 사업에 수십억 달러를 투자하고 있습니다. 60대 초반인 지금도 장기적 비전을 실현하며, 이혼 후에도 최고 2,000억 달러에 육박하는 재산을 기록하며 세계 최고 부자 중 한 명입니다.

제프 베이조스의 인사이트

높은 이윤은 경쟁자를 부른다.
High profit margins attract competitors.

낮은 마진으로 시장을 지배하라.
Win the market through low-margin strategies.

오늘의 질문

오늘 나는 어떻게 고객에게 '가치'를 줬는가?

단기 이익에 집착하며 장기 지배를 놓치고 있지는 않은가?

부자는 남의 마진에서 기회를 본다.
Your margin is my opportunity.

당신이 높게 남기는 이윤이, 내가 이길 기회가 됩니다.

비싼 가격은 더 저렴한 경쟁자가 들어올 틈을 만듭니다.

시간이 지나면 낮은 가격과 좋은 서비스가 결국 승리합니다.

비용을 줄이고, 그 절감 효과를 고객과 나누세요.

품질 좋고 가격까지 저렴한 선택지가 결국 시장을 장악합니다.

Your high profit gives me a chance to win.

High prices leave space for someone cheaper.

Low prices and good service win over time.

Lower your costs and share savings with customers.

The cheapest quality option takes the whole market.

일론 머스크 **Elon Musk**

부자는 가능성보다 사명을 따른다.
Do it even if odds are against you.

정말 중요한 일이라면, 가능성이 낮아도 일단 하세요.
완벽한 타이밍이나 확실한 기회를 기다릴 필요는 없습니다.
과감한 행동이 아무것도 없는 곳에서 기회를 만듭니다.
진짜 중요한 일에 집중하고, 전력을 다해 뛰어드세요.
언제까지 기다리지 말고, 지금 바로 시작하세요.

If something matters enough, do it anyway.
Don't wait for perfect timing or high chances.
Bold action creates new opportunities from nothing.
Focus on what truly matters and go all in.
Just start now, don't keep waiting forever.

부자들은 중요성과 확률을 분리해서 생각합니다. 2008년, 일론 머스크는 테슬라와 스페이스X 두 회사가 동시에 무너질 위기에 놓여 있었습니다. 스페이스X는 세 번 연속 로켓 발사에 실패했고, 테슬라는 금융위기와 생산 지연으로 파산 직전까지 몰렸습니다. 머스크에게 남은 자금은 많지 않았고, 그는 '한 회사에 몰아주고 다른 하나를 포기할지, 아니면 둘 다 나눠 넣을지'를 두고 고민했습니다. 결국 그는 남은 돈을 두 회사에 모두 투입하기로 결정합니다. 왜냐하면 그는 '이 일들은 너무 중요하다. 실패 확률이 90%여도 해야 한다.'고 생각했기 때문입니다.

결국 네 번째 Falcon 1 발사가 성공했고, 곧이어 NASA와의 계약이 체결되면서 스페이스X는 파산 위기에서 벗어났습니다. 테슬라도 2008년 말 극적인 자금 조달을 마치고, 이후 양산 체제로 넘어가며 살아남았습니다. 부자는 성공 확률로만 판단하지 않습니다. 중요도를 먼저 봅니다.

'이 일이 정말 중요한가?'

답이 예스면, 승산이 10%여도 합니다. 중요한 일은 반드시 하세요. 승산은 과정에서 만들어집니다.

일론 머스크 Elon Musk

남아프리카공화국 프리토리아에서 자란 머스크는 학교에서 심한 괴롭힘을 당했지만, 10세 전후부터 독학으로 프로그래밍을 익히고 12세에 게임 코드를 판매했습니다. 17세에 캐나다로 건너가 여러 대학을 거쳐 펜실베이니아대에서 물리학과 경제학을 전공했고, 이후 스탠퍼드 박사과정 입학 이틀 만에 창업을 위해 중퇴한 후 형과 Zip2를 창업해 3억 달러에 매각했습니다. 그 돈으로 X.com(훗날 페이팔)을 만들어 15억 달러에 팔았고, 2002년 '화성 이민'이라는 미친 꿈으로 스페이스X를 창업했습니다. 2004년엔 테슬라에 투자해 전기차 혁명을 시작했죠. 2008년 두 회사 모두 파산 직전까지 갔지만 마지막 돈을 쪼개 투자하며 기적을 만들었습니다. 스페이스X는 재사용 로켓으로 우주산업을 뒤흔들었고, 테슬라는 시가총액 1조 달러를 돌파했습니다. 2022년 트위터를 440억 달러에 인수해 X로 바꿨고, 뉴럴링크(뇌-컴퓨터), 보링 컴퍼니(터널) 등 여러 혁신 기업을 동시에 운영합니다. 주당 100시간 일하며 공장 바닥에서 자는 것으로 유명하고, 50대 초중반인 지금도 인류를 다행성 종으로 만들겠다는 비전을 향해 전력질주 중입니다.

일론 머스크의 인사이트

중요한 일이라면 승산이 없어도 하라.
If it truly matters, don't let the odds stop you.

확률이 아니라 중요도로 판단하라.
Prioritize what matters, not what's likely.

오늘의 질문

오늘 나는 승산이 보이지 않는 무언가를 시도했는가?

확률만 보며 정말 중요한 일을 포기하고 있지는 않은가?

부자는 가능성보다 사명을 따른다.
Do it even if odds are against you.

정말 중요한 일이라면, 가능성이 낮아도 일단 하세요.

완벽한 타이밍이나 확실한 기회를 기다릴 필요는 없습니다.

과감한 행동이 아무것도 없는 곳에서 기회를 만듭니다.

진짜 중요한 일에 집중하고, 전력을 다해 뛰어드세요.

언제까지 기다리지 말고, 지금 바로 시작하세요.

If something matters enough, do it anyway.

Don't wait for perfect timing or high chances.

Bold action creates new opportunities from nothing.

Focus on what truly matters and go all in.

Just start now, don't keep waiting forever.

부자는 경쟁하지 않는다, 독점한다.
Competition is for losers.

경쟁은 패배자들만 열을 올리는 게임입니다.
남들과 싸우지 말고, 당신만의 무대를 만드세요.
아무도 대신할 수 없는 진짜 가치를 찾아보세요.
당신만이 가장 잘할 수 있는 일을 하세요.
'최고'가 되기보다 '유일한 존재'가 되는 것이 더 강력합니다.

Competition is a game only losers play hard.
Don't compete with others, create your own space.
Find something valuable that nobody else can offer.
Do what only you can do best.
Being the only one beats being the best.

부자들은 경쟁을 피하고 독점을 만듭니다. 피터 틸은 스탠퍼드에서 강의할 때 "완벽한 경쟁 시장에서는 아무도 돈을 못 법니다."라고 말했습니다. 식당가에 치킨집이 100개면? 모두 비슷한 가격, 비슷한 맛, 박리다매로 간신히 버팁니다. 하지만 구글은? 구글은 한때 전 세계 검색 시장의 90% 안팎을 차지할 정도로 압도적인 점유율을 누렸고, 검색 광고에서만 연간 수백억 달러의 매출을 올립니다. 이런 '사실상의 독점' 구간이 틸이 말하는 창업가의 이상형입니다.

경쟁이 없습니다. 틸은 페이팔을 만들 때 온라인 결제라는 새로운 카테고리를 창조했습니다. 경쟁할 필요가 없었습니다. 유일했으니까요. 페이스북에 최초로 투자한 것도 같은 이유입니다. '소셜 네트워크의 독점자가 될 것'이라고 봤습니다. 50만 달러 투자가 10억 달러가 되었습니다. 부자는 남들과 경쟁하지 않습니다.

틸이 전하고자 하는 메시지는 단순합니다. '남이 다 하고 있는 일에서 조금 더 싸게, 조금 더 빨리' 경쟁하기보다는, 자신만의 시장·카테고리를 설계해 독점에 가까운 위치를 노리라는 것입니다.

피터 틸 Peter Thiel

독일 태생으로 1세 때 미국에 왔습니다. 스탠퍼드에서 철학을 전공한 뒤 로스쿨까지 나왔지만, 변호사와 트레이더로 일하며 '다른 길'을 모색했습니다. 1998년 페이팔을 공동창업해 2002년 이베이에 15억 달러에 매각하며 실리콘밸리 '페이팔 마피아'의 대부가 되었습니다. 그의 철학은 명확했습니다. '경쟁은 패배자들의 게임이다. 독점하라.'

《제로 투 원》에서 이 과감한 주장을 펼쳤고, 2004년 페이스북 첫 외부 투자자로 50만 달러를 넣어 10억 달러 이상 회수하며 전설이 되었습니다. 파운더스펀드로 에어비앤비, 스페이스X, 스트라이프 등에 투자해 수십억 달러를 벌었고, 팔란티어를 공동창업해 빅데이터 분석 시장을 개척했습니다. 자유지상주의자로서 정부 규제를 반대하고, 시스테딩(해상 독립국가), 영생 연구 같은 급진적 프로젝트에 투자합니다. 스탠퍼드에서 '독점 전략'을 가르치며 수많은 기업가를 배출했고, 57세인 지금도 팔란티어 회장으로 정치와 기술의 교차점에서 영향력을 발휘하고 있습니다.

피터 틸의 인사이트

경쟁하지 말고, 독점을 만들어라.
Don't compete. Dominate.

유일한 존재가 되어라.
Own your space. Be the only choice.

오늘의 질문

오늘 나는 어떻게 '유일무이'해졌는가?

경쟁에 시간을 낭비하며 독점 기회를 놓치고 있지는 않은가?

부자는 경쟁하지 않는다, 독점한다.
Competition is for losers.

경쟁은 패배자들만 열을 올리는 게임입니다.

남들과 싸우지 말고, 당신만의 무대를 만드세요.

아무도 대신할 수 없는 진짜 가치를 찾아보세요.

당신만이 가장 잘할 수 있는 일을 하세요.

'최고'가 되기보다 '유일한 존재'가 되는 것이 더 강력합니다.

Competition is a game only losers play hard.

Don't compete with others, create your own space.

Find something valuable that nobody else can offer.

Do what only you can do best.

Being the only one beats being the best.

부자는 준비보다 실행을 먼저 한다.
Assemble a plane on the way down.

창업은 마치 절벽에서 뛰어내리는 것과 같습니다.
떨어지면서 비행기를 조립해야 하죠.
시작 전에 모든 걸 알 필요는 없습니다.
일단 뛰고, 가면서 하나씩 해결해나가세요.
빠르게 시작하고, 가는 동안 더 빠르게 배우세요.

Starting a company is like jumping off a cliff.
Build your plane while falling down fast.
You don't need all answers before you start.
Jump first, figure things out as you go.
Start quick, learn even quicker along the way.

부자들은 완벽을 기다리지 않고 불완전하게 시작합니다. 리드 호프먼이 링크드인을 출시
했을 때 제품은 형편없었습니다. 버그가 많았고, 기능도 부족했고, 디자인도 별로였습니
다. 직원들은 더 개발하고 출시하자고 했습니다. 호프먼은 거절했습니다. 실제로 링크드인
의 초기 버전은 기능도 단순하고 디자인도 거칠었지만, 그는 완벽을 기다리기보다 '지금 출
시한다. 날아가면서 고친다.' 전략으로 빠르게 출시해 사용자 피드백을 받고 개선하는 쪽을
택했습니다.
출시 후 첫 달, "이게 안 돼요", "저게 불편해요" 등등 사용자 피드백이 쏟아졌습니다. 팀은
즉시 수정했습니다. 3개월 만에 제품이 완전히 달라졌습니다. 만약 6개월 더 개발했다면,
잘못된 방향으로 6개월을 낭비했을 것입니다.
부자는 80% 완성도에서 출시합니다. 시장이 나머지 20%를 가르쳐주기 때문입니다. 완벽
주의는 진전을 미루는 좋은 핑계가 될 수 있습니다. 일단 뛰어내리세요. 날개는 떨어지면서
달면 됩니다.

리드 호프먼 Reid Hoffman

스탠퍼드에서 인지과학을, 옥스퍼드에서 철학을 공부한 지성인입니다. 1997년 첫 창업(소셜데이팅 사이트)은 실패했지만, 페이팔 초기 멤버로 합류해 COO를 하며 네트워크 효과의 위력을 배웠습니다. 2002년 페이팔 매각 후 "사람들의 경력을 연결하자"는 아이디어로 2003년 링크드인을 공동창업했습니다.

그의 철학은 '절벽에서 뛰어내려 비행기를 조립하라.'였습니다. 완벽하지 않은 제품을 빠르게 출시하고 피드백으로 개선하며 전 세계 9억 명이 쓰는 비즈니스 SNS로 키웠고, 2016년 마이크로소프트에 262억 달러에 매각했습니다. 투자자로는 더 빛났습니다. 그레이록 파트너스에서 페이스북, 에어비앤비, 드롭박스 등 100개 이상 스타트업에 초기 투자했고, 《블리츠스케일링》으로 빠른 성장 전략을 체계화했습니다. 'Masters of Scale' 팟캐스트로 수백만 명을 교육하고, 50대 후반인 지금도 실리콘밸리에서 가장 영향력 있는 멘토로 활동 중입니다.

리드 호프먼의 인사이트

완벽하게 준비하지 말고, 일단 시작하라.
Don't wait until everything is perfect. Just start.

날아가면서 비행기를 조립하라.
Build the plane while flying it.

오늘의 질문

오늘 나는 완벽하지 않아도 무엇을 '시작'했는가?

완벽주의라는 변명으로 시작을 미루고 있지는 않은가?

부자는 준비보다 실행을 먼저 한다.
Assemble a plane on the way down.

창업은 마치 절벽에서 뛰어내리는 것과 같습니다.

떨어지면서 비행기를 조립해야 하죠.

시작 전에 모든 걸 알 필요는 없습니다.

일단 뛰고, 가면서 하나씩 해결해 나가세요.

빠르게 시작하고, 가는 동안 더 빠르게 배우세요.

Starting a company is like jumping off a cliff.

Build your plane while falling down fast.

You don't need all answers before you start.

Jump first, figure things out as you go.

Start quick, learn even quicker along the way.

부자는 과거에 머물지 않고, 스스로를 계속 바꾼다.
Our industry only respects innovation.

이 업계에서 존중받는 건 오직 혁신뿐입니다.
어제의 성공은 내일엔 아무 소용이 없습니다.
계속 변하지 않으면 순식간에 도태됩니다.
혁신을 멈추는 순간, 천천히 사라지기 시작하죠.
변화하지 않으면, 어제의 챔피언도 내일엔 아무도 아닙니다.

Our industry respects innovation and nothing else.
Success yesterday means nothing for tomorrow's game.
Keep changing yourself or get left behind fast.
Stop innovating and you slowly disappear.
Yesterday's winner becomes tomorrow's nobody without change.

부자들은 과거의 성공을 버리는 용기를 가집니다. 2014년 사티아 나델라가 마이크로소프트 CEO가 되었을 때, 회사는 여전히 거대한 이익을 내고 있었지만, PC·윈도우 중심 모델에 갇혀 성장성에 대한 신뢰를 잃어가고 있었습니다. 내부에는 '우리는 윈도우 회사.'라는 자부심이 강했지만, 나델라는 첫 이메일에서 마이크로소프트를 '모바일 퍼스트, 클라우드 퍼스트' 시대의 생산성과 플랫폼 회사로 재정의하자고 제안했습니다. "우리 산업은 전통을 존중하지 않는다. 혁신만 존중한다."라고 못 박으며, 클라우드(Azure)와 AI, 오픈소스 생태계를 미래 중심 축으로 잡았습니다.

그 결과 10년 남짓한 기간 동안 마이크로소프트의 시가총액은 수 배로 늘어나 2조 달러를 넘어섰고, 지금은 세계에서 가장 가치 있는 기업 가운데 하나가 되었습니다. 부자는 알고 있습니다. 어제의 성공이 내일의 족쇄가 된다는 것을. 산업은 혁신만 존중합니다. 과거를 버리세요. 계속 변화하세요. 안 그러면 도태됩니다.

사티아 나델라 Satya Nadella

1967년 인도 하이데라바드에서 태어나, 망갈로르 Manipal Institute of Technology에서 전기공학을 전공하고, 위스콘신 대학(밀워키 캠퍼스)에서 컴퓨터과학 석사, 시카고대 부스 경영대학원에서 MBA를 받았습니다. Sun Microsystems를 거쳐 1992년 마이크로소프트에 입사한 뒤, Windows NT, 비즈니스 솔루션, 온라인 서비스, 서버&툴, 클라우드&엔터프라이즈 등 핵심 사업을 두루 이끌며 22년간 내부에서 성장한 리더였습니다. 2014년 세 번째 CEO가 되었을 때, 마이크로소프트는 여전히 거대했지만 PC·윈도우 중심 모델에 갇힌 '혁신을 잃은 공룡'이라는 평가를 받았습니다. 나델라는 문화를 '모든 것을 아는(know-it-all)'에서 '모든 것을 배우는(learn-it-all)'로 바꾸자고 선언하며, 윈도우 중심에서 클라우드·AI 중심 전략으로 무게 중심을 옮겼습니다.

Azure를 AWS의 강력한 경쟁자로 키우고, 오픈소스를 받아들여 .NET과 리눅스를 품고 GitHub를 인수했으며, 2019년 약 10억 달러 규모의 초기 투자를 시작으로 OpenAI와의 파트너십을 수십억 달러 규모로 확대해 AI 전환을 선도했습니다. 그 결과 취임 후 약 10년 만에 마이크로소프트는 시가총액 3조 달러를 돌파하는 기업으로 도약했습니다. 장애를 가진 아들을 돌본 경험은 그의 공감·포용 리더십에 큰 영향을 준 것으로 알려져 있으며, 자서전 《히트 리프레시》에서 개인사와 함께 '변화와 리셋'에 대한 철학을 공유했습니다. 50대 후반인 지금도 마이크로소프트를 클라우드와 AI 시대의 선두주자로 이끌고 있습니다.

사티아 나델라의 인사이트

어제의 성공이 내일의 실패가 된다.
Success today doesn't guarantee success tomorrow.

과거를 버리고 계속 혁신하라.
Leave the past behind. Keep pushing innovation.

오늘의 질문

오늘 나는 무엇을 '혁신'했는가?

과거의 성공에 안주하며 혁신을 미루고 있지는 않은가?

부자는 과거에 머물지 않고, 스스로를 계속 바꾼다.
Our industry only respects innovation.

이 업계에서 존중받는 건 오직 혁신뿐입니다.

어제의 성공은 내일엔 아무 소용이 없습니다.

계속 변하지 않으면 순식간에 도태됩니다.

혁신을 멈추는 순간, 천천히 사라지기 시작하죠.

변화하지 않으면, 어제의 챔피언도 내일엔 아무도 아닙니다.

Our industry respects innovation and nothing else.

Success yesterday means nothing for tomorrow's game.

Keep changing yourself or get left behind fast.

Stop innovating and you slowly disappear.

Yesterday's winner becomes tomorrow's nobody without change.

부자는 한 번의 성공을 위해 수십 번 실패한다.
It only takes one time to be right.

단 한 번만 제대로 맞히면 모든 게 달라집니다.
한 번의 큰 성공이 평생의 부를 가져올 수 있어요.
아무리 많이 실패해도, 그 한 번을 향해 계속 도전하세요.
결국 크게 터질 때까지 멈추지 마세요.
완벽하려 애쓰기보다, 끝까지 버티는 게 더 중요합니다.

You only need to be right once to change everything.
One big win can make you wealthy for life.
Fail many times but keep aiming for that one.
Keep trying until you finally hit it big.
Staying in the game beats being perfect every time.

부자들은 높은 승률이 아니라 한 번의 대박을 노립니다. 마크 큐반은 20대에 여러 사업을 시도했습니다. 바에서 일하고, 소프트웨어를 팔고, 컨설팅을 하다가 회사를 잘리기도 했고, 돈이 없어 친구 집 소파에서 지내던 시기도 있었습니다. 그래도 멈추지 않았습니다. 그는 '모든 사업이 잘될 필요는 없다. 한 번 제대로 맞으면 된다.'는 믿음으로 계속 새로운 기회를 찾았습니다. 1990년대 중반, 인터넷 오디오 스트리밍 회사 AudioNet을 기반으로 Broadcast.com을 키웠고, 1999년 야후가 이 회사를 약 57~59억 달러에 인수하면서 단숨에 억만장자가 되었습니다. 이전의 수많은 실패와 시행착오가 이 한 번의 '홈런'으로 보상된 셈입니다. 야구에서 10번 중 7번 아웃돼도 3할 타자는 스타가 되듯, 그는 매번 성공을 노리기보다, 언젠가 나올 한 번의 대형 성공을 위해 계속 스윙한 것입니다. 실패를 두려워하지 마세요. 계속 스윙하세요.

마크 큐반 Mark Cuban

펜실베이니아의 작은 공업 도시에서 자라난 키스 페라지는 철강 공장 노동자인 아버지와 청소 일을 하던 어머니 밑에서 '연줄 하나 없는 집'의 현실을 몸으로 겪었습니다. 가난했지만 성적으로 명문대에 진학해 장학금을 받고, 하버드 비즈니스 스쿨에서 MBA를 마치며 엘리트 경영인의 코스를 밟았습니다. 컨설팅 회사(딜로이트 계열)에서 일하며 기업과 사람을 연결하는 일을 하던 그는 20대 후반에 파트너급 직위에 오르고, 이어 스타우드 호텔&리조트의 최고마케팅책임자로 옮겨 '관계'가 비즈니스 성과를 결정짓는다는 사실을 체감합니다.

2000년대 중반 출간한 《Never Eat Alone》은 '먼저 주기, 진정성, 꾸준한 follow-up'이라는 세 가지 원칙을 중심으로 네트워크를 전략적 자산으로 설계하는 방법을 정리한 책으로, 이후 수십 개 언어로 번역되며 네트워킹 분야의 고전으로 읽히고 있습니다. 그는 실제로 레스토랑에서 혼자 식사하지 않고 언제나 누군가를 불러 관계를 쌓는 습관으로도 유명합니다.

이후 'Ferrazzi Greenlight'라는 컨설팅 회사를 세워 포춘 500대 기업을 상대로 협업·신뢰·심리적 안전을 주제로 리더십과 문화 변화를 조언해왔고, 지금도 50대 후반의 나이로 수천 명의 관계망을 직접 관리하며 전 세계를 다니며 '관계의 힘'을 강연하고 있습니다.

마크 큐반의 인사이트

100번 틀려도 단 한 번 성공하면 인생이 바뀐다.
Fail 100 times, but one hit changes everything.

높은 승률보다 한 번의 홈런이 중요하다.
One home run beats many singles.

오늘의 질문

오늘 나는 실패해도 무엇을 '계속'했는가?

실패를 두려워하며 홈런 기회를 놓치고 있지는 않은가?

부자는 한 번의 성공을 위해
수십 번 실패한다.
It only takes one time to be right.

단 한 번만 제대로 맞히면 모든 게 달라집니다.

한 번의 큰 성공이 평생의 부를 가져올 수 있어요.

아무리 많이 실패해도, 그 한 번을 향해 계속 도전하세요.

결국 크게 터질 때까지 멈추지 마세요.

완벽하려 애쓰기보다, 끝까지 버티는 게 더 중요합니다.

You only need to be right once to change everything.

One big win can make you wealthy for life.

Fail many times but keep aiming for that one.

Keep trying until you finally hit it big.

Staying in the game beats being perfect every time.

부자는 돈보다 사람을 먼저 챙긴다.
Your network is your net worth.

시간이 흐를수록, 당신의 인맥이 곧 당신의 자산이 됩니다.
돈보다 더 중요한 건 좋은 인간관계입니다.
진짜 의미 있는 인연을 만드는 데 시간을 투자하세요.
무언가를 바라기 전에 먼저 주고, 먼저 도우세요.
강한 관계는 돈으로는 열 수 없는 문을 열어줍니다.

Your network becomes your total net worth over time.
Good relationships matter more than money alone does.
Spend real time building connections that truly matter.
Give first and help others before asking anything.
Strong relationships open doors money cannot buy.

부자들은 관계를 자산으로 봅니다. 키스 페라지는 펜실베이니아 공장 노동자 가정에서 자라, 돈도 연줄도 없이 출발했지만 의도적으로 '관계'를 자기 인생의 핵심 자산으로 설계했다고 말합니다. 사실 돈도 없었고, 인맥도 없었습니다. 하지만 한 가지를 했습니다. 사람들을 진심으로 도왔습니다. 그는 친구의 취업을 돕고, 선배의 프로젝트를 지원하고, 동료의 문제를 연결과 조언으로 풀어주는 일을 '대가를 기대하지 않는 습관'으로 만들었고, 시간이 지나자 그런 사람들이 투자자·고객·동료로 자연스럽게 그의 곁에 모였습니다.
10년 후, 그가 회사를 시작할 때 그 사람들이 도왔습니다. 투자자를 연결해줬고, 첫 고객이 되어줬고, 직원으로 합류했습니다. 페라지는 깨달았습니다.
"내가 준 것이 10배로 돌아왔다. 당신의 인맥이 곧 당신의 순자산입니다."
부자는 돈만 모으지 않습니다. 사람을 모읍니다. 먼저 주고, 진심으로 연결하고, 관계를 투자로 봅니다. 은행 잔고보다 전화번호부가 더 중요합니다.

키스 페라지 Keith Ferrazzi

펜실베이니아 작은 마을에서, 아버지는 철강 공장 노동자, 어머니는 청소부였습니다. 가난했지만 성적으로 예일대 전액 장학금을 받고 하버드 MBA까지 졸업했습니다. 딜로이트에서 컨설턴트로 일하며 '관계의 힘'을 깨달았고, 28세에 최연소 파트너가 되었습니다. 스타우드 호텔 CMO를 거쳐 2005년 《혼자 밥먹지 마라》를 출간했고, 이 책은 40개 언어로 번역되며 네트워킹의 바이블이 되었습니다. '먼저 주기, 진정성, 꾸준한 연락'을 강조하며 관계를 전략적 자산으로 만드는 법을 제시했습니다. 레스토랑에서 혼자 식사하지 않고 항상 누군가와 만나는 습관으로 유명하고, 2010년 'Ferrazzi Greenlight'를 창업해 포춘 500대 기업들에 협업 컨설팅을 제공하고 있습니다. 지금도 수천 명의 연락처를 관리하며 전 세계를 다니며 관계의 힘을 강연하고 있습니다.

키스 페라지의 인사이트

돈보다 사람이 더 중요한 자산이다.
People matter more than profit.

먼저 주면 10배로 돌아온다.
Give first, and the returns will be tenfold.

오늘의 질문

오늘 나는 누구와 '진심으로' 연결됐는가?

은행 잔고만 늘리고 인맥은 방치하고 있지는 않은가?

부자는 돈보다 사람을 먼저 챙긴다.
Your network is your net worth.

시간이 흐를수록, 당신의 인맥이 곧 당신의 자산이 됩니다.

돈보다 더 중요한 건 좋은 인간관계입니다.

진짜 의미 있는 인연을 만드는 데 시간을 투자하세요.

무언가를 바라기 전에 먼저 주고, 먼저 도우세요.

강한 관계는 돈으로는 열 수 없는 문을 열어줍니다.

Your network becomes your total net worth over time.

Good relationships matter more than money alone does.

Spend real time building connections that truly matter.

Give first and help others before asking anything.

Strong relationships open doors money cannot buy.

부자는 따라가지 않고, 새 길을 만든다.
Innovation distinguishes a leader.

혁신은 진짜 리더와 단순한 추종자를 가릅니다.
남을 흉내 내지 말고, 완전히 새로운 것을 만들어보세요.
세상에 없던 것을 창조하는 사람이 리더가 됩니다.
뒤따르지 말고, 앞장서서 길을 여세요.
세상은 모방자가 아닌, 창조자(만든 이)를 기억합니다.

Innovation separates real leaders from simple followers.
Don't copy others, make something totally new yourself.
Creating what doesn't exist yet makes you a leader.
Lead the way forward, don't just follow behind.
The world remembers creators, not copiers.

부자들은 시장을 따라가지 않고 시장을 만듭니다. 2007년 아이폰이 나오기 전 스마트폰 시장에는 블랙베리와 노키아가 있었지만, 잡스는 그들을 조금 더 잘 따라 하는 대신 전혀 다른 사용자 경험을 설계했습니다. 멀티터치 스크린, 강력한 모바일 브라우저, 그리고 앱스토어·아이튠즈가 통합된 생태계는 기존에 흩어져 있던 요소들을 새로운 수준으로 묶어 낸 조합이었습니다. 처음엔 키보드 없는 폰을 누가 쓰냐는 회의론이 나왔지만, 출시 후 게임은 완전히 바뀌었습니다.

블랙베리와 노키아는 스마트폰의 중심에서 밀려났고, 애플은 세계에서 가장 가치 있는 기업 중 하나가 되었습니다. 잡스는 "혁신이 리더와 추종자를 나눈다."고 말합니다. 부자는 경쟁자를 벤치마킹하는 데서 멈추지 않고, 아직 존재하지 않는 경험과 시장을 창조합니다. 따라가면 평범한 강자가 될 뿐이지만, 시장을 만드는 사람이 결국 그 시장을 지배합니다.

스티브 잡스 Steve Jobs

생후 얼마 안 되어 입양된 아이였고, 리드 칼리지에서 한 학기 다니다 중퇴한 채 인도로 떠나 선불교와 히피 문화에 심취했던 청년이었습니다. 1976년 부모님 차고에서 워즈니악과 함께 애플을 창업해 애플 II와 매킨토시로 개인용 컴퓨터 혁신을 일으켰지만, 1985년 자신이 영입한 CEO 존 스컬리와의 갈등 끝에 회사에서 밀려났습니다. 이후 넥스트를 창업하고 픽사를 인수해 '토이 스토리'를 탄생시키며 새로운 성공을 만들었고, 1997년 NeXT 인수를 통해 위기에 빠져 있던 애플로 복귀했습니다.

그때부터가 진짜 시작이었습니다. 아이맥, 아이팟, 아이폰, 아이패드를 연달아 내놓으며 소비자 전자제품과 디지털 콘텐츠 시장의 판을 바꿨습니다. 특히 2007년 아이폰은 스마트폰 혁명을 일으켰고, 그는 디자인과 사용자 경험에 대한 집요한 집착으로 상징적인 제품들을 만들어냈습니다. 검은 터틀넥과 청바지를 유니폼처럼 입었고, 완벽을 추구하는 성격으로 직원들을 혹독하게 몰아붙였지만 역사에 남는 제품들을 탄생시켰습니다. 2003년 췌장암 진단 후에도 일을 멈추지 않았고, 2011년 56세의 나이로 세상을 떠났습니다. 2005년 스탠퍼드 졸업식에서 남긴 "Stay Hungry, Stay Foolish" 연설은 여전히 전 세계 젊은이들에게 영감을 주고 있습니다.

스티브 잡스의 인사이트

따라하는 사람은 평범하고, 창조하는 사람은 리더다.
Followers imitate. Leaders innovate.

시장을 만드는 자가 시장을 지배한다.
Those who create markets, control them.

오늘의 질문

오늘 나는 무엇을 '창조'했는가?

경쟁자를 따라하며 리더십을 포기하고 있지는 않은가?

부자는 따라가지 않고, 새 길을 만든다.
Innovation distinguishes a leader.

혁신은 진짜 리더와 단순한 추종자를 가릅니다.

남을 흉내 내지 말고, 완전히 새로운 것을 만들어보세요.

세상에 없던 것을 창조하는 사람이 리더가 됩니다.

뒤따르지 말고, 앞장서서 길을 여세요.

세상은 모방자가 아닌, 창조자(만든 이)를 기억합니다.

Innovation separates real leaders from simple followers.

Don't copy others, make something totally new yourself.

Creating what doesn't exist yet makes you a leader.

Lead the way forward, don't just follow behind.

The world remembers creators, not copiers.

부자는 시장이 아니라 고객을 섬긴다.
The customer is the only boss.

진짜 보스는 오직 한 사람, 바로 고객입니다.
고객은 그냥 다른 데서 돈을 쓰는 것만으로도 우리 모두를 해고할 수 있죠.
그러니 고객의 말에 귀 기울이고, 정성을 다해 서비스하세요.
고객이 만족해야 사업도 살아남고 성장합니다.
고객을 잃는 순간, 다른 모든 것도 함께 잃게 됩니다.

There is only one real boss: the customer.
Customers fire everyone by simply spending money elsewhere.
Listen to them, serve them well, care deeply.
Happy customers keep your business alive and growing.
Lose customers and you lose everything else too.

부자들은 직급이 아니라 고객이 진짜 보스라는 것을 압니다. 샘 월튼은 월마트의 창업자이자 CEO가 된 뒤에도 매주처럼 매장을 돌며 직접 고객과 이야기하고, 직원들의 이야기를 듣고, 진열 상태를 꼼꼼히 확인했습니다. 임원들이 "이제 그런 일은 현장에 맡기셔도 된다."고 말해도, 그는 "우리를 먹여 살리는 건 이 사람들"이라며 매장을 떠나지 않았습니다. 어느 날 한 고객이 계산대 줄이 너무 길다고 불평하자, 그는 현장 데이터를 확인해 추가 계산대를 설치하고 동선과 인력을 재배치했습니다.

또 다른 고객이 주차장이 너무 좁다고 지적하면, 가능한 점포부터 순차적으로 주차 공간을 넓히는 식으로 대응했습니다. 월튼에게 고객의 불만과 제안은 곧 회사 전략의 출발점이었고, '임원을 화나게 해도 회사는 버티지만, 고객을 화나게 하면 오래갈 수 없다.'는 생각으로 고객 집착 문화를 만들었습니다. 결국 그가 강조한 것은 단순했습니다. 월급을 주는 사람은 이사회나 상사가 아니라, 매장에서 지갑을 여는 고객이라는 사실입니다.

샘 월튼 Sam Walton

1918년 오클라호마 농장에서 태어나 대공황의 가난을 겪으며 자랐습니다. 미주리 대학을 졸업한 뒤 JC Penney에서 소매업을 배웠고, 2차 대전 복무 후 1945년 약 2만 5천 달러(가족 자금+대출)로 아칸소의 작은 잡화점을 인수했습니다. 1962년 40대 중반에 아칸소 로저스에 첫 월마트를 열었고, Kmart와 Target이 도시에 집중할 때 시골·소도시에 초저가 매장을 내는 전략으로 성장했습니다. 그는 새벽에 일어나 매장을 돌고 직접 경비행기를 몰아 점포 시찰을 다니는 현장형 경영으로 유명했고, 1970년 상장 이후 월마트는 1990년대 세계 최대 유통 기업 중 하나가 되었습니다. 억만장자가 된 후에도 낡은 픽업트럭을 타고 값싼 이발소와 모텔을 이용하는 검소함을 유지했으며, 1992년 70대 초반에 세상을 떠난 뒤에도 월마트는 전 세계 수천~1만여 개 매장에서 연간 수천억 달러 매출을 올리는 거대 기업으로 남아 있습니다.

샘 월튼의 인사이트

고객이 만족하지 않으면 모든 게 끝난다.
Customer satisfaction isn't everything. It's the only thing.

CEO가 아니라 고객이 진짜 보스다.
The real boss isn't the CEO. It's the customer.

오늘의 질문

오늘 나는 고객에게 어떻게 '집착'했는가?

상사 눈치만 보며 나의 진짜 보스인 고객을 잊고 있지는 않은가?

부자는 시장이 아니라 고객을 섬긴다.
The customer is the only boss.

진짜 보스는 오직 한 사람, 바로 고객입니다.

고객은 그냥 다른 데서 돈을 쓰는 것만으로도 우리 모두를 해고할 수 있죠.

그러니 고객의 말에 귀 기울이고, 정성을 다해 서비스하세요.

고객이 만족해야 사업도 살아남고 성장합니다.

고객을 잃는 순간, 다른 모든 것도 함께 잃게 됩니다.

There is only one real boss: the customer.

Customers fire everyone by simply spending money elsewhere.

Listen to them, serve them well, care deeply.

Happy customers keep your business alive and growing.

Lose customers and you lose everything else too.

부자는 자리를 기다리지 않고, 만들어서 차지한다.
You have to take power.

권력은 누가 주는 게 아니라, 스스로 쟁취하는 것입니다.
남의 허락이나 인정을 기다리며 앉아 있지 마세요.
당당히 당신의 자리를 차지하고, 스스로의 가치를 믿으세요.
이미 그 자리에 어울리는 사람처럼 자신 있게 들어가세요.
아무도 권력을 건네주지 않습니다. 손을 내밀어 직접 잡으세요.

Power isn't given to you, you must take it yourself.
Don't sit waiting for permission or approval from others.
Take your space and believe in your own value.
Walk in confidently like you already belong there.
Nobody hands you power, you reach out and grab it.

부자들은 허락을 기다리지 않고 스스로 기회를 쟁취합니다. 2000년대 초 비욘세는 데스티니스 차일드의 리드 싱어로 이미 큰 성공을 거두었지만, 자신의 이름으로 솔로 커리어를 준비했습니다. 주변에서는 그룹에 머무르는 편이 더 안전하다고 봤지만, 그녀는 주저하지 않고 직접 솔로 앨범을 기획·녹음하며 승부를 걸었습니다. 그 결과 2003년 첫 솔로 앨범 'Dangerously in Love'가 빌보드 1위와 그래미 다관왕, 전 세계 수백만 장 판매를 기록하며 그녀를 세계 최고 수준의 엔터테이너로 끌어올렸습니다.
부자는 권한이 주어지기를 기다리기보다, '내가 가치 있다고 믿는 기회'를 스스로 설계하고 밀어붙이는 사람입니다. 허락을 기다리면 기회를 놓칩니다. 당신이 가치 있다면 직접 가져가세요.

비욘세 Beyonce

텍사스주 휴스턴에서 자라 어릴 적부터 노래 대회에 나갔고, 또래들과 만든 걸 그룹이 훗날 데스티니스 차일드로 성장해 1990년대 말 세계적 성공을 거뒀습니다. 그러나 그룹에만 머물지 않기로 한 그녀는 20대 초반에 솔로 활동을 선택했고, 2003년 첫 앨범 'Dangerously in Love'로 빌보드 1위와 그래미 다관왕을 차지하며 독립이 옳았음을 증명했습니다. 이후 자신의 음악·이미지·비즈니스를 스스로 통제하기 위해 파크우드 엔터테인먼트를 세우고, 2013년 사전 홍보 없이 시각 앨범을 기습 발매해 음악 산업의 관행을 흔들었습니다.

수많은 히트와 그래미 최다 수상 기록으로 40대 초반인 지금도 흑인 여성의 권리를 상징하는 문화 아이콘이자 세계 최고 수준의 엔터테이너로 활동하고 있습니다.

비욘세의 인사이트

기다리지 말고, 직접 쟁취하라.
Don't wait for it. Go get it.

허락을 기다리면 기회를 놓친다.
If you wait for permission, you'll miss the opportunity.

오늘의 질문

오늘 나는 무엇을 '쟁취'했는가?

___

허락을 기다리며 기회를 스스로 포기하고 있지는 않은가?

___

부자는 자리를 기다리지 않고, 만들어서 차지한다.
You have to take power.

권력은 누가 주는 게 아니라, 스스로 쟁취하는 것입니다.

남의 허락이나 인정을 기다리며 앉아 있지 마세요.

당당히 당신의 자리를 차지하고, 스스로의 가치를 믿으세요.

이미 그 자리에 어울리는 사람처럼 자신 있게 들어가세요.

아무도 권력을 건네주지 않습니다. 손을 내밀어 직접 잡으세요.

Power isn't given to you, you must take it yourself.

Don't sit waiting for permission or approval from others.

Take your space and believe in your own value.

Walk in confidently like you already belong there.

Nobody hands you power, you reach out and grab it.

　　　　로버트 기요사키 Robert Kiyosaki

부자는 돈을 벌지 않고, 돈이 돈을 벌게 한다.
Make money work for you.

돈을 벌기 위해 일하지 말고, 돈이 당신을 위해 일하게 만드세요.
자는 동안에도 수익을 만들어내는 자산에 투자하세요.
가난한 사람은 월급을 위해 일하지만, 부자는 수익을 사들입니다.
끊임없이 일하지 않아도 들어오는 소득원을 만들어야 합니다.
궁극적인 목표는, 돈이 스스로 더 많은 돈을 벌어들이게 하는 것입니다.

Don't work for money, let money work for you.
Buy things that make money while you sleep.
Poor people work for paychecks, rich people buy income.
Build income that flows in without working constantly.
Your goal is money making more money automatically.

부자들은 시간을 파는 것이 아니라 자산을 삽니다. 로버트 기요사키가 말하는 '가난한 아빠'는 실제 친부로, 안정된 직장과 높은 학력을 가졌지만 월급에 의존해 은퇴 후에도 돈 걱정을 벗어나지 못한 인물입니다. '부자 아빠'는 학력은 낮았지만 사업과 투자를 통해 자산을 늘려 간 친구의 아버지로, 돈이 자신을 위해 일하게 만드는 방식을 보여 주었습니다. 기요사키는 젊은 시절 이 둘을 보며 깨달았습니다.
"월급은 일을 멈추면 끊기지만, 자산은 내가 자는 동안에도 돈을 벌게 한다."
그래서 급여를 올리는 것보다 현금 흐름을 만들어 줄 자산을 사는 데 집중했습니다. 처음에는 작은 부동산과 소규모 사업 지분에서 시작해, 임대료와 이익을 다시 투자하며 자산을 늘려 갔습니다. 그는 말합니다. 부자는 시간을 돈으로 바꾸는 데 머물지 않고, 배당주, 부동산, 비즈니스 같은 자산을 사서 돈이 돈을 벌게 만든다고요. 일을 멈추면 끝나는 소득 대신, 스스로 돌아가는 자산을 꾸준히 쌓아 가는 것이 부자의 게임입니다.

로버트 기요사키 Robert Kiyosaki

하와이에서 태어나 비교적 넉넉지 않은 중산층 가정에서 자랐습니다. 미 해병대 장교로 베트남전에 헬기 조종사로 참전한 뒤, 제록스에서 세일즈맨으로 일하다 1970년대 후반 나일론·벨크로 지갑 회사를 창업했지만 파산을 겪었습니다. 여러 실패를 거치며 '왜 어떤 사람은 평생 일해도 가난하고, 어떤 사람은 자산으로 부자가 되는가?'를 고민하게 되었고, 실제 친부('가난한 아빠')와 친구의 사업가 아버지('부자 아빠')에게서 서로 다른 돈의 사고방식을 배웠다고 말합니다.

이 경험을 바탕으로 1990년대 후반 《부자 아빠 가난한 아빠》를 내놓았고, 이 책은 전 세계적으로 번역 판매되며 재정 교육의 대표적인 베스트셀러가 되었습니다. 그는 '자산과 부채의 차이, 현금 흐름의 중요성'을 강조하며 캐시플로우 보드게임을 포함한 교육 프로그램을 만들었고, 부동산과 라이선스 사업으로 큰 수익을 올리는 동시에 일부 법인 파산과 법적 분쟁도 겪었습니다. 70대 후반인 지금도 세미나와 방송을 통해 "학교는 재정을 가르치지 않는다"며 자산을 통해 돈이 일하게 하라는 메시지를 전하고 있습니다.

로버트 기요사키의 인사이트

월급쟁이로 평생 일하지 말고, 자산을 사서 돈이 일하게 하라.
Stop working for money. Start buying assets that work for you.

월급은 일을 멈추면 끝이고 자산은 자고 있는 동안에도 돈을 번다.
A salary stops when you do. Assets earn while you sleep.

오늘의 질문

오늘 나는 어떤 '자산'을 샀는가?

월급만 받으며 자산 구축을 미루고 있지는 않은가?

부자는 돈을 벌지 않고,
돈이 돈을 벌게 한다.
Make money work for you.

돈을 벌기 위해 일하지 말고, 돈이 당신을 위해 일하게 만드세요.

자는 동안에도 수익을 만들어내는 자산에 투자하세요.

가난한 사람은 월급을 위해 일하지만, 부자는 수익을 사들입니다.

끊임없이 일하지 않아도 들어오는 소득원을 만들어야 합니다.

궁극적인 목표는, 돈이 스스로 더 많은 돈을 벌어들이게 하는 것입니다.

Don't work for money, let money work for you.

Buy things that make money while you sleep.

Poor people work for paychecks, rich people buy income.

Build income that flows in without working constantly.

Your goal is money making more money automatically.

부자는 혼자 하지 않고 함께 키운다.
Earn 1% from 100 people's efforts.

100명에게서 1%씩 버는 게, 혼자 100% 일하는 것보다 낫습니다.
다른 사람의 시간과 능력을 당신의 지렛대로 활용하세요.
혼자의 힘이 아니라, 함께하는 사람들을 통해 더 크게 성장하세요.
시간이 지날수록 결과를 배로 만들어줄 팀을 구축해야 합니다.
한 사람의 노력엔 한계가 있지만, 팀의 힘에는 한계가 없습니다.

Earning 1% from 100 people beats 100% from yourself.
Use other people's time and skills as your leverage.
Grow through many people, not just your own work.
Build teams that multiply your results over time.
One person has limits, but teams have none.

부자들은 레버리지를 통해 한계를 넘어섭니다. 석유 재벌 J. 폴 게티는 처음에는 직접 유전을 뛰어다니며 일하던 한 사람의 사업가에 불과했습니다. 그러나 혼자 일해서는 벌 수 있는 돈에 한계가 있다는 것을 깨닫고, '혼자 100% 일하는 것보다 100명의 노력에서 1%를 받는 편이 낫다.'는 원칙을 세웠습니다. 그는 점점 더 많은 사람과 회사를 자신의 사업 구조 안으로 편입시키며, 직원과 경영진, 기술자의 성과가 모두 자신이 소유한 회사의 이익으로 모이게 하는 시스템을 만들었습니다.

그 결과 게티의 부는 그의 노동시간이 아니라, 수많은 사람과 자본이 만들어내는 거대한 레버리지 구조에 의해 증폭되었습니다. 레버리지는 '나 혼자의 24시간'을 넘어, 타인의 시간과 역량을 묶어 새로운 부를 만들어내는 핵심 원리라고 할 수 있습니다. 부자는 혼자 하지 않습니다. 팀을 만들고, 시스템을 세우고, 레버리지를 씁니다. 당신의 시간은 24시간이지만, 100명의 시간은 2,400시간입니다. 레버리지가 부의 비밀입니다.

폴 게티 J. Paul Getty

폴 게티는 1892년 미국 미네소타에서 태어나 석유 사업으로 성공한 아버지 밑에서 자랐습니다. 젊은 시절 오클라호마 유전 투자로 큰 수익을 올리며 석유 사업가로 성장했고, 이후 독자적으로 게티 오일을 키우며 대공황 이후 저평가된 석유 자산을 적극적으로 사들여 부를 확대했습니다. 그는 여러 나라의 유전과 정유·유통 회사를 거느린 거대 석유 기업 집단을 이끌었고, 1950년대에는 미국에서 가장 부유한 개인 가운데 한 명으로 꼽혔습니다.

극도로 검소하고 냉혹하다는 평을 들었으며, 손자 유괴 사건에서의 몸값 협상과 저택 공중전화 설치 일화로 비판을 받는 한편, 막대한 미술품 컬렉션과 기부로 게티 미술관의 기반을 남겼습니다. 1976년 83세로 사망한 뒤에도, 사람과 자본을 동원해 부를 확대하는 그의 레버리지 중심 경영 철학은 현대 비즈니스에서 자주 언급되고 있습니다.

폴 게티의 인사이트

혼자 100% 일하지 말고, 100명의 1%를 활용하라.
Don't work 100% alone. Leverage 1% from 100 people.

레버리지가 부의 비밀이다.
Leverage is the key to building wealth.

오늘의 질문

오늘 나는 어떻게 '팀'을 활용했는가?

혼자 모든 것을 하려다 한계에 부딪히고 있지는 않은가?

부자는 혼자 하지 않고 함께 키운다.
Earn 1% from 100 people's efforts.

100명에게서 1%씩 버는 게, 혼자 100% 일하는 것보다 낫습니다.

다른 사람의 시간과 능력을 당신의 지렛대로 활용하세요.

혼자의 힘이 아니라, 함께하는 사람들을 통해 더 크게 성장하세요.

시간이 지날수록 결과를 배로 만들어줄 팀을 구축해야 합니다.

한 사람의 노력엔 한계가 있지만, 팀의 힘에는 한계가 없습니다.

Earning 1% from 100 people beats 100% from yourself.

Use other people's time and skills as your leverage.

Grow through many people, not just your own work.

Build teams that multiply your results over time.

One person has limits, but teams have none.

부자는 먼저 믿고, 그래서 해낸다.
Confidence lets you
pull off anything.

자신감만 있으면 거의 모든 걸 해낼 수 있어요.
자신을 믿는 마음이 재능보다 더 많은 기회를 엽니다.
속으로 두려워도 겉으로는 당당하게 행동하세요.
진짜가 될 때까지, 되는 척이라도 계속하세요.
오늘의 자신감은 내일의 진짜 실력이 됩니다.

With confidence, you can do almost anything.
Believing in yourself opens more doors than talent.
Act confident even when you feel scared inside.
Fake it until you finally make it real.
Confidence today turns into real skill tomorrow.

부자들은 자격보다 자신감을 먼저 선택합니다. 케이티 페리는 10대 시절부터 앨범을 내고 레이블과 계약을 했지만, 여러 번 계약이 끊기고 프로젝트가 엎어지는 실패를 겪었습니다. 몇 년 동안 제대로 된 데뷔조차 못 한 채 업계에서 밀려났지만, 스스로를 '언젠가 스타가 될 사람'이라고 믿으며 계속 도전했습니다. 주변에서는 고개를 젓고 비웃었지만, 그녀는 포기 하지 않았습니다.
그리고 2008년 〈I Kissed a Girl〉이 크게 히트하면서 상황이 완전히 뒤집혔고, 이후 세계적 인 팝스타로 자리 잡았습니다. 부자는 "충분한 자격이 생기면 그때 시작하겠다."라고 말하 지 않습니다. 먼저 자신감을 갖고 움직이기 때문에, 시간이 지나며 그 자신감에 걸맞은 실 력과 성과가 따라옵니다. 될 때까지 되는 사람처럼 행동해 보십시오.

케이티 페리 Katy Perry

캘리포니아 목사 부모 밑에서 카티 허드슨이라는 본명으로 자랐습니다. 엄격한 기독교 가정에서 팝 음악이 금지되어 오직 가스펠만 들었고, 13세에 기타를 배워 교회에서 노래했습니다. 15세에 내슈빌로 가서 가스펠 음반을 냈지만 실패했고, 17세에 LA로 가서 팝 가수가 되기로 결심했습니다. 수년간 여러 레이블에서 거절당했고, 세 번의 음반 계약이 취소되었습니다.

2008년 〈I Kissed a Girl〉로 마침내 히트를 쳤고, 〈Teenage Dream〉 앨범에서 5곡 연속 빌보드 1위라는 역사를 만들었습니다. 화려한 무대 의상과 과감한 퍼포먼스로 자신만의 스타일을 확립했고, 슈퍼볼 하프타임쇼에서 역대 최다 시청자를 기록했습니다. 1억 4천만 장 이상 판매, 14개 빌보드 1위곡을 기록했고, 2018년 아메리칸 아이돌 심사위원으로 연간 2,500만 달러를 받으며 TV 역사상 최고 연봉을 받았습니다. 40대 초반이 된 지금도 배우 올랜도 블룸과 결혼해 딸을 키우며 팝 아이콘으로 활동하고 있습니다.

케이티 페리의 인사이트

재능보다 자신감이 더 중요하다.
Confidence is more important than talent.

될 때까지 되는 척하라.
Fake it till you make it.

오늘의 질문

오늘 나는 어떻게 '자신감'을 보였는가?

자격이 없다는 핑계로 기회를 스스로 포기하고 있지는 않은가?

부자는 먼저 믿고, 그래서 해낸다.
Confidence lets you
pull off anything.

자신감만 있으면 거의 모든 걸 해낼 수 있어요.

자신을 믿는 마음이 재능보다 더 많은 기회를 엽니다.

속으로 두려워도 겉으로는 당당하게 행동하세요.

진짜가 될 때까지, 되는 척이라도 계속하세요.

오늘의 자신감은 내일의 진짜 실력이 됩니다.

With confidence, you can do almost anything.

Believing in yourself opens more doors than talent.

Act confident even when you feel scared inside.

Fake it until you finally make it real.

Confidence today turns into real skill tomorrow.

부자는 일보다 학습 속도를 경쟁한다.
Learn faster than anyone else.

이기는 가장 확실한 방법은 남들보다 빨리 배우는 겁니다.
일을 얼마나 빠르게 하느냐보다, 얼마나 빨리 배우느냐가 더 중요하죠.
시도하고, 빠르게 실패하고, 배운 뒤 다시 도전하세요.
가장 빨리 배우는 사람이 결국 시장을 차지합니다.
배우는 속도를 유지하는 한, 언제나 앞서나갈 수 있습니다.

The only way to win is learning faster than others.
How fast you learn matters more than how fast you work.
Try things, fail quickly, learn, then try again.
The fastest learner takes the whole market.
Keep learning speed high and you stay ahead always.

에릭 리스는 초기 스타트업에서 몇 년을 들여 기술적으로 훌륭한 제품을 만들었지만, 막상 시장에 내놓자 고객이 원하지 않는다는 사실을 뒤늦게 깨달았습니다. 이 경험 이후 그가 IMVU에서 선택한 전략은 '완벽한 제품'이 아니라 최소 기능 제품(MVP)을 빠르게 출시하고, 실제 사용자 데이터를 보며 반복적으로 수정하는 방식이었습니다. 그는 작은 기능을 빠르게 배포하고, 지표와 피드백을 바탕으로 설계와 가설을 계속 바꾸는 과정을 통해 비즈니스를 성장시켰고, 이것이 오늘날 'Build-Measure-Learn'으로 알려진 린 스타트업의 핵심 원리가 되었습니다.
부자는 오래 준비하지 않습니다. 빨리 출시하고, 빨리 실패하고, 빨리 배웁니다. 1년 계획보다 12번의 실험이 낫습니다. 속도가 곧 경쟁력입니다.

에릭 리스 Eric Ries

예일대 컴퓨터과학 전공으로 재학 중 첫 스타트업을 창업했지만, 몇 년간 제품 개발에 몰두한 끝에 고객이 원하지 않는 서비스를 만들었다는 사실을 깨닫고 '완벽 추구의 함정'을 뼈저리게 경험했습니다. 2004년 3D 아바타 기반 소셜 서비스 기업 IMVU를 공동 창업해, 불완전한 최소 기능 제품(MVP)을 빠르게 출시하고 실제 고객 피드백과 데이터를 통해 개선하는 새로운 방식을 시도했습니다. 이 경험을 바탕으로 2008년경부터 블로그에서 '린 스타트업' 방법론을 소개했고, 2011년 출간한 《린 스타트업》은 뉴욕타임스 베스트셀러가 되며 MVP, 빌드-측정-학습 사이클, 피벗 같은 개념을 전 세계 스타트업 생태계에 대중화했습니다.

이후 여러 스타트업과 대기업이 그의 원칙을 참조해 실험 중심 문화를 도입했으며, 그는 장기 성장 기업을 위한 플랫폼을 지향하는 장기 증권거래소(LTSE)를 설립해 지금도 빠른 학습과 검증된 실험의 중요성을 전파하고 있습니다.

에릭 리스의 인사이트

빠르게 실행하는 것보다 빠르게 배우는 게 중요하다.

Quick action matters, but quick learning wins.

1년 계획보다 12번의 실험이 낫다.

Try 12 things, not just plan one.

오늘의 질문

오늘 나는 무엇을 '빠르게' 배웠는가?

완벽한 계획을 세우느라 실험 기회를 놓치고 있지는 않은가?

부자는 일보다 학습 속도를 경쟁한다.
Learn faster than anyone else.

이기는 가장 확실한 방법은 남들보다 빨리 배우는 겁니다.

일을 얼마나 빠르게 하느냐보다, 얼마나 빨리 배우느냐가 더 중요하죠.

시도하고, 빠르게 실패하고, 배운 뒤 다시 도전하세요.

가장 빨리 배우는 사람이 결국 시장을 차지합니다.

배우는 속도를 유지하는 한, 언제나 앞서나갈 수 있습니다.

The only way to win is learning faster than others.

How fast you learn matters more than how fast you work.

Try things, fail quickly, learn, then try again.

The fastest learner takes the whole market.

Keep learning speed high and you stay ahead always.

부자는 제품이 아니라
고객의 필요를 먼저 묻는다.
Find products for your customers.

제품에 맞는 고객을 찾지 말고, 고객에게 맞는 제품을 찾으세요.
고객이 실제로 겪고 있는 문제에서 시작해야 합니다.
당신이 만들고 싶은 게 아니라, 그들이 진짜로 필요로 하는 걸 만드세요.
고객을 우선에 두면, 성공은 자연히 따라옵니다.
실제 문제를 해결하면, 사람들은 기꺼이 비용을 지불합니다.

Find products for customers, not customers for products.
Start with the problem customers actually have.
Build what they need, not what you want.
Put customers first and success will follow.
Solve real problems and people pay you.

부자들은 제품이 아니라 고객의 문제부터 찾습니다. 세스 고딘은 수천 개의 스타트업을 관찰했습니다. 90%가 실패했습니다. 이유는? '이 멋진 제품, 누가 살까?'라는 순서로 시작했기 때문입니다. 제품을 먼저 만들고, 고객을 나중에 찾았습니다. 대부분 찾지 못했습니다. 성공한 10%는 반대였습니다. '사람들이 뭘 힘들어하지?'부터 시작했습니다. 문제를 찾고, 그 문제를 가진 사람들과 대화하고, 그들이 돈을 낼 만한 해결책을 만들었습니다. 에어비앤비는 '여행 중 숙소가 비싸다.'는 문제를 봤습니다. 우버는 '택시 잡기 힘들다.'는 문제를 봤습니다. 부자는 멋진 아이디어로 시작하지 않습니다. 고객의 고통으로 시작합니다. 문제를 찾으세요. 제품은 그다음입니다.

세스 고딘 Seth Godin

터프츠대에서 철학과 컴퓨터과학을 전공한 뒤, 스탠퍼드에서 MBA를 마치고 1990년대 중반 온라인 마케팅 회사 Yoyodyne을 설립해 '퍼미션 마케팅' 개념을 선보였으며, 이 회사를 1998년 야후에 약 3000만 달러에 매각한 후 야후의 디렉트 마케팅 부사장으로 일했습니다. 2000년대부터는 작가·연사로 활동을 전환해《린치핀》,《보랏빛 소가 온다》등 20권이 넘는 책을 통해 '평범하면 보이지 않는다.'는 메시지와, 제품을 위한 고객이 아니라 고객을 위한 제품을 만들라는 고객 중심 마케팅 철학을 전파해왔습니다.

수십 년간 거의 매일 블로그를 쓰고, Akimbo 등 워크숍과 온라인 프로그램으로 수많은 사람을 교육해 왔으며, 2013년 Direct Marketing Hall of Fame, 2018년 Marketing Hall of Fame에 각각 헌액되어 현대 마케팅을 대표하는 사상가로 인정받고 있습니다.

세스 고딘의 인사이트

제품을 먼저 만들지 말고, 고객의 문제를 먼저 찾아라.
Don't start with the product. Start with the problem.

멋진 아이디어가 아니라 고객의 고통에서 시작하라.
Don't chase cool ideas. Solve real problems.

오늘의 질문

오늘 나는 고객의 어떤 '문제'를 해결했는가?

제품을 먼저 만들고 고객을 나중에 찾고 있지는 않은가?

부자는 제품이 아니라
고객의 필요를 먼저 묻는다.
Find products for your customers.

제품에 맞는 고객을 찾지 말고, 고객에게 맞는 제품을 찾으세요.

고객이 실제로 겪고 있는 문제에서 시작해야 합니다.

당신이 만들고 싶은 게 아니라, 그들이 진짜로 필요로 하는 걸 만드세요.

고객을 우선에 두면, 성공은 자연히 따라옵니다.

실제 문제를 해결하면, 사람들은 기꺼이 비용을 지불합니다.

Find products for customers, not customers for products.

Start with the problem customers actually have.

Build what they need, not what you want.

Put customers first and success will follow.

Solve real problems and people pay you.

부자는 평범을 거부하고, 다르게 승부한다.
Differentiate or die.

차별화하지 않으면 시장에서 도태됩니다.
평범하면 그 누구의 눈에도 띄지 않게 되죠.
당신만의 진짜 차별점을 찾아야 합니다.
확실히 돋보이지 않으면, 서서히 잊힐 뿐입니다.
다르면 이기고, 똑같으면 결국 지게 됩니다.

Differentiate yourself or die in the market.
Being ordinary makes you completely invisible out there.
Find what makes you truly different from others.
Stand out clearly or just fade away slowly.
Different wins, same loses every single time.

부자들은 차별화가 생존이라는 것을 압니다. 잭 트라우트가 연구한 결과, 같은 제품을 파는 회사들은 결국 가격 전쟁에 빠집니다. 치킨집 A가 9,000원이면 B는 8,500원, C는 8,000원. 계속 낮아집니다. 마진이 사라집니다. 모두 힘들어집니다. 이것이 차별화 없는 시장의 현실입니다.
하지만 스타벅스는? 커피가 5,000원입니다. 일반 카페는 2,000원입니다. 2배 이상 비쌉니다. 그런데도 사람들이 갑니다. 왜? 다르기 때문입니다. 분위기, 브랜드, 경험. 가격으로 경쟁하지 않습니다. 부자는 알고 있습니다. 똑같으면 죽습니다. 차별화하면 살아남습니다. 당신만의 독특함을 찾으세요. 가격이 아니라 가치로 경쟁하세요. 다르거나 죽거나입니다.

잭 트라우트 Jack Trout

제너럴 일렉트릭에서 마케팅 일을 시작한 뒤 1960년대 후반 알 라이스가 이끌던 에이전시에 합류해 함께 포지셔닝 전략을 연구·실천했습니다. 1969년과 1972년 발표한 포지셔닝 관련 논문과 광고업계 연재를 통해 '제품이 아니라, 고객 마음속에서 차지하는 위치가 승패를 가른다.'는 아이디어를 제시했고, 1980년대 출간된 《포지셔닝》은 오늘날까지도 가장 영향력 있는 마케팅 고전 가운데 하나로 꼽힙니다. '차별화하지 못하면 결국 가격 경쟁에 빨려 들어간다.'는 메시지를 강조했으며, IBM, AT&T 등 글로벌 기업들의 포지셔닝 전략을 자문하며 '마케팅은 제품 싸움이 아니라 인식 싸움'이라는 통찰을 현실 비즈니스에 적용했습니다.

2017년 80대에 세상을 떠난 뒤에도, 라이스·트라우트가 정립한 포지셔닝 이론은 여전히 전 세계 마케터들이 전략을 세울 때 참고하는 기본 프레임으로 남아 있습니다.

잭 트라우트의 인사이트

똑같으면 가격으로 경쟁하고, 다르면 가치로 이긴다.
Same means price war. Different wins on value.

차별화가 없으면 죽는다.
No difference, no future.

오늘의 질문

오늘 나는 어떻게 '차별화'했는가?

경쟁자를 따라 하며 가격 경쟁에 빠지고 있지는 않은가?

부자는 평범을 거부하고, 다르게 승부한다.
Differentiate or die.

차별화하지 않으면 시장에서 도태됩니다.

평범하면 그 누구의 눈에도 띄지 않게 되죠.

당신만의 진짜 차별점을 찾아야 합니다.

확실히 돋보이지 않으면, 서서히 잊힐 뿐입니다.

다르면 이기고, 똑같으면 결국 지게 됩니다.

Differentiate yourself or die in the market.

Being ordinary makes you completely invisible out there.

Find what makes you truly different from others.

Stand out clearly or just fade away slowly.

Different wins, same loses every single time.

부자는 물건이 아닌 감정을 팔고, 관계를 만든다.
Create a world where you can belong anywhere.

누구나 어디에서든 소속감을 느낄 수 있는 세상을 만드세요.
사람들은 단순한 물건이 아니라 감정과 연결을 삽니다.
침대를 파는 게 아니라, 집 같은 편안함을 파세요.
기능보다 감정이 사람의 마음을 더 크게 움직입니다.
고객의 마음을 움직이면, 그들은 오래도록 머무릅니다.

Build a world where anyone can belong anywhere.
People buy feelings and connections, not just things.
Sell the feeling of home, not just beds.
Emotions win over features every time.
Make customers feel something and they stay loyal.

부자들은 제품의 기능이 아니라 감정을 팝니다. 브라이언 체스키가 에어비앤비를 시작했
을 때, 사람들은 "그냥 숙박 공유 서비스잖아."라고 했습니다. 하지만 체스키는 달랐습니다.
"우리는 침대를 파는 게 아니라 소속감을 판다."
호텔은 깨끗하지만 차갑습니다. 에어비앤비는 "낯선 도시에서도 집처럼 편안하다."고 말하
죠. 고객들은 이 감정에 돈을 냅니다. 체스키는 호스트들에게 가르쳤습니다.
"게스트를 고객이 아니라 친구처럼 대하세요."
작은 웰컴 노트, 지역 추천, 따뜻한 인사. 이런 것들이 에어비앤비를 특별하게 만들었습니
다. 부자는 스펙을 팔지 않습니다. 느낌을 팝니다. 스타벅스는 커피가 아니라 '제3의 공간'을
팝니다. 애플은 스마트폰이 아니라 '혁신의 상징'을 팝니다. 감정이 프리미엄을 만듭니다.

브라이언 체스키 Brian Chesky

로드아일랜드 디자인스쿨에서 산업디자인을 전공한 디자이너 출신 창업자로, 2007년 샌프란시스코로 이사했을 때 룸메이트와 함께 집세를 감당하지 못해 거실에 에어매트리스 몇 개를 깔고 컨퍼런스 참가자들에게 아침을 제공하는 'Air Bed & Breakfast'를 시작한 것이 에어비앤비의 출발점이었습니다. 초기에 여러 투자자에게 거절당하고 자금이 바닥나자, 2008년 미국 대선에 맞춰 'Obama O's'와 'Cap'n McCains'라는 한정판 시리얼 박스를 만들어 판매하며 버텼고, 2009년 Y Combinator에 선발되면서 사업이 전환점을 맞았습니다.

그는 에어비앤비를 '침대를 파는 회사가 아니라, 사람들이 어디서나 소속감을 느끼게 하는 회사'로 정의하며 디즈니식 경험 설계를 연구해 고객 여정의 모든 순간을 디자인하려 했고, 2020년 코로나19로 8주 만에 비즈니스가 80% 가까이 사라지는 위기 속에서도 장기 체류·근거리 여행 중심으로 전략을 재편해 회복에 성공했습니다. 같은 해 12월 에어비앤비는 나스닥 상장 첫날 약 1,000억 달러에 이르는 기업가치를 기록했으며, 현재도 체스키는 '어디서나 집처럼 느낄 수 있는 세상'을 비전으로 내세우며 회사를 이끌고 있습니다.

브라이언 체스키의 인사이트

제품의 기능이 아니라 감정을 팔아라.
Sell emotion, not features.

스펙이 아니라 경험을 팔아라.
Sell the experience, not the specs.

오늘의 질문

오늘 나는 어떤 '감정'을 팔았는가?

기능만 강조하며 감정을 간과하고 있지는 않은가?

부자는 물건이 아닌 감정을 팔고, 관계를 만든다.
Create a world where you can belong anywhere.

누구나 어디에서든 소속감을 느낄 수 있는 세상을 만드세요.

사람들은 단순한 물건이 아니라 감정과 연결을 삽니다.

침대를 파는 게 아니라, 집 같은 편안함을 파세요.

기능보다 감정이 사람의 마음을 더 크게 움직입니다.

고객의 마음을 움직이면, 그들은 오래도록 머무릅니다.

Build a world where anyone can belong anywhere.

People buy feelings and connections, not just things.

Sell the feeling of home, not just beds.

Emotions win over features every time.

Make customers feel something and they stay loyal.

부자는 매일 마케팅한다.
Marketing never stops.

마케팅은 한 번 잘했다고 멈출 수 있는 일이 아닙니다.
사람들의 관심을 끌기 위해선 매일 싸워야 하죠.
계속해서 나타나고, 늘 흥미롭게 보여야 합니다.
매일 꾸준히 하는 게 한 번 잘하는 것보다 훨씬 낫습니다.
잠깐이라도 사라지면 사람들은 금세 당신을 잊습니다.

You can't relax or stop doing marketing ever.
Getting attention is a fight you do every day.
Keep showing up and stay interesting to people.
Doing it every day beats being great once.
Disappear for a while and people forget you.

부자들은 마케팅을 한 번 쏘고 끝내는 불꽃놀이가 아니라, 매일 피우는 캠프파이어라고 생각합니다. 라이언 레이놀즈가 진 브랜드 'Aviation Gin'에 참여했을 때, 슈퍼볼 급 TV 광고를 한 방 터뜨릴 수도 있었습니다. 그런데 그는 그 길을 버리고, 자기 SNS와 짧은 영상으로 사람들을 웃기는 쪽을 골랐습니다. 레이놀즈는 '이게 광고라고?' 싶은 유머와 자조, 영화 패러디를 섞은 짧은 콘텐츠를 계속 내보냈고, 사람들은 광고라는 걸 알면서도 자발적으로 퍼나르기 시작했습니다.

그렇게 쌓인 '작은 웃음'들이 모여 Aviation Gin의 이미지를 키웠고, 결국 이 브랜드는 최대 6억 1천만 달러 규모로 인수되는 딜까지 이르게 됩니다. 한 번의 대형 캠페인이 아니라, 매일 조금씩 쌓이는 재미와 일관성이 브랜드를 만든다는 걸 보여 주는 장면입니다.

라이언 레이놀즈 Ryan Reynolds

캐나다 밴쿠버에서 경찰관 아버지와 세 형 사이에서 막내로 자랐고, 10대에 TV 시트콤으로 연기를 시작해 20대에 할리우드로 진출했습니다. 2016년 영화 《데드풀》의 흥행으로 전 세계적 스타가 되었지만, 그의 진짜 재능은 마케팅과 사업에서 더 선명하게 드러났습니다. 2018년 미국 진 브랜드 Aviation Gin에 지분을 투자한 뒤, 직접 각본을 쓰고 출연한 유머러스한 온라인 광고와 소셜미디어 콘텐츠로 브랜드를 키웠고, 이 회사는 2020년 글로벌 주류 회사 디아지오에 최대 6억 1천만 달러 규모로 인수되었습니다.

2019년에는 저비용 통신사 Mint Mobile에 참여해 비슷한 스타일의 저예산·고임팩트 마케팅으로 성장을 도왔으며, 2023년 이 회사가 T-Mobile에 최대 약 13억 5천만 달러에 매각되면서 다시 한번 화제가 되었습니다. 동료 배우와 함께 웨일스 축구팀 렉섬 AFC를 인수해 다큐멘터리 시리즈로 만들며 스포츠팀마저 스토리와 마케팅 자산으로 활용하고 있고, 40대 후반이 된 지금도 배우이자 사업가, 마케터로서 거의 매일 소셜미디어를 통해 자신이 관여한 브랜드들을 유머와 이야기로 알리고 있습니다.

라이언 레이놀즈의 인사이트

한 번 잘한다고 끝이 아니다, 매일 해야 한다.
One win isn't the finish line. Show up daily.

꾸준함이 브랜드를 만든다.
Brands are built on consistency.

오늘의 질문

오늘 나는 어떻게 '꾸준히' 마케팅했는가?

한 번의 대박을 노리며 매일의 노력을 게을리하고 있지는 않은가?

부자는 매일 마케팅한다.
Marketing never stops.

마케팅은 한 번 잘했다고 멈출 수 있는 일이 아닙니다.

사람들의 관심을 끌기 위해선 매일 싸워야 하죠.

계속해서 나타나고, 늘 흥미롭게 보여야 합니다.

매일 꾸준히 하는 게 한 번 잘하는 것보다 훨씬 낫습니다.

잠깐이라도 사라지면 사람들은 금세 당신을 잊습니다.

You can't relax or stop doing marketing ever.

Getting attention is a fight you do every day.

Keep showing up and stay interesting to people.

Doing it every day beats being great once.

Disappear for a while and people forget you.

부자는 하지 않을 투자도 안다.
The best investment is often no investment.

가장 현명한 선택은 때로 아예 투자하지 않는 것일 수 있습니다.
"아니요."라고 말하는 것이 당신의 자산을 지켜줍니다.
모든 기회가 당신의 돈을 들일 만큼 가치 있는 건 아닙니다.
인내와 절제가 욕심에 휘둘려 뛰어드는 것보다 낫습니다.
모든 기회를 좇기보다, 가진 돈을 지키는 게 더 중요합니다.

Sometimes the smartest move is not investing at all.
Saying no keeps your money safe and protected.
Not every opportunity is actually worth your money.
Patience and discipline beat rushing in with greed.
Protecting money matters more than chasing every deal.

부자들은 버는 법만큼 안 잃는 법도 잘 압니다. 트럼프는 1990년대 아틀랜틱시티 카지노에 과도하게 돈을 쏟아부었다가 거대한 빚과 함께 여러 카지노 회사를 파산보호로 밀어 넣는 경험을 했습니다. 그 일 이후 그는 '멋져 보이는 딜을 많이 하는 것보다, 위험한 딜 하나를 거르는 게 더 중요하다.'는 태도를 강조하며, 조건이 마음에 들지 않으면 과감히 빠져나오는 쪽을 택합니다.
워런 버핏 역시 이해 안 되는 사업과 애매한 투자를 아예 건드리지 않는 걸 원칙으로 삼으며, '대단한 한 방'보다 나쁜 투자를 피하는 능력이 부를 지키는 진짜 방패라고 보여줍니다.

도널드 트럼프 Donald Trump

뉴욕 퀸즈에서 부동산 개발업자 프레드 트럼프의 막내아들로 자라, 펜실베이니아 대학교 와튼스쿨에서 경제 관련 전공을 마친 뒤 가족 회사에 합류해 중산층 아파트 개발 사업을 배우고, 1970년대부터 경영 전면에 나서 맨해튼으로 사업을 확장했습니다. 그랜드 하얏트 호텔과 트럼프 타워 개발로 뉴욕 부동산계의 스타가 되었지만, 1990년대 초 카지노와 항공사 등으로의 공격적인 확장과 과도한 레버리지로 인해 자신이 소유한 여러 카지노, 호텔 법인이 파산보호를 신청하는 위기를 겪었습니다. 이후 2004년 리얼리티 프로그램 'The Apprentice'를 통해 "당신은 해고야!(You're fired!)"라는 유행어와 함께 TV 스타로 재부상하고, 자신의 이름을 호텔·골프장·각종 상품에 라이선싱하는 전략을 통해 '트럼프' 브랜드를 전 세계에 상업적으로 활용했습니다.

2016년에는 공화당 대통령 후보로 미국 대선에 출마해 힐러리 클린턴을 꺾고 제45대 대통령에 당선되었고, 감세와 규제 완화, 보호무역주의적 정책을 전면에 내세우며 미국 정치의 중심 인물로 남아 있습니다. 감세, 규제 완화, 보호무역주의 정책을 펼쳤고, 2024년 선거에서 재선되어 2025년 1월 제47대 대통령으로 취임했습니다. 70대 후반인 지금도 미국 정치의 중심에 있습니다.

도널드 트럼프의 인사이트

모든 기회를 잡으려 하지 말고, 나쁜 기회는 거절하라.
Not every opportunity is worth it. Say no.

나쁜 거래 하나가 좋은 거래 열 개를 망친다.
One bad deal can kill ten good ones.

오늘의 질문

오늘 나는 무엇을 '거절'했는가?

FOMO(기회를 놓칠까 봐 두려워함)에 시달리며 나쁜 투자를 하고 있지는 않은가?

부자는 하지 않을 투자도 안다.
The best investment is often no investment.

가장 현명한 선택은 때로 아예 투자하지 않는 것일 수 있습니다.

"아니요."라고 말하는 것이 당신의 자산을 지켜줍니다.

모든 기회가 당신의 돈을 들일 만큼 가치 있는 건 아닙니다.

인내와 절제가 욕심에 휘둘려 뛰어드는 것보다 낫습니다.

모든 기회를 좇기보다, 가진 돈을 지키는 게 더 중요합니다.

Sometimes the smartest move is not investing at all.

Saying no keeps your money safe and protected.

Not every opportunity is actually worth your money.

Patience and discipline beat rushing in with greed.

Protecting money matters more than chasing every deal.

부자는 10년이 아니라 300년을 내다보고 투자한다.
300 years of vision.

10년이 아니라, 300년 앞을 내다보며 생각하세요.
당신의 생애를 넘어설 긴 미래를 계획해야 합니다.
당신이 세상을 떠난 뒤에도 남을 무언가를 만드세요.
잠깐의 승리보다, 오래 남는 유산이 더 큰 가치입니다.
당신이 떠난 후에 무엇을 남겼는지가 결국 가장 중요합니다.

Think 300 years ahead, not just 10 years.
Plan beyond your own lifetime on earth.
Build something that lasts after you're gone.
Leaving a legacy beats winning quick and fast.
What you leave behind matters most.

부자들은 10년이 아니라 세대를 보고 베팅합니다. 1999년 손정의는 매출도 거의 없고 직원도 몇 명 안 되던 작은 중국 인터넷 회사에 2000만 달러를 넣었습니다. 그 회사가 바로 알리바바였습니다. 많은 이들이 "미쳤다."고 했지만, 그는 스스로를 "수십 년 뒤를 내다보는 투자자."라고 말하며 기다렸습니다. 그 후 알리바바는 중국을 대표하는 전자상거래 공룡으로 성장했고, 손정의의 지분 가치는 수백억 달러 규모로 평가되었습니다.

다른 사람들이 3년, 5년 목표 수익률을 계산할 때, 그는 한 세대 뒤의 네트워크와 제국을 상상한 셈입니다. 부자는 오늘의 이익이 아니라, 자신이 없어져도 계속 돌아갈 구조를 만듭니다. 길게 보는 사람이 결국 크게 이긴다는 것을 보여주는 장면입니다.

부자는 단기 수익에 집착하지 않습니다. 당신이 죽어도 남을 것을 만듭니다. 자녀에게, 손주에게 물려줄 유산을 생각합니다. 오늘의 이익보다 내일의 제국을 선택하세요. 길게 보는 자가 크게 이깁니다.

손정의 Masayoshi Son

1957년 일본에서 태어난 한국계 3세로, 어린 시절 넉넉지 않은 환경에서 자랐습니다. 고등학생 때 미국으로 건너가 UC버클리에서 공부하며 전자 번역기·전자사전 아이디어로 큰 수익을 올렸고, 1981년 PC 소프트웨어 유통 회사 소프트뱅크를 설립했습니다. 이후 "정보 혁명으로 사람을 행복하게 한다."라는 비전 아래 인터넷과 통신에 공격적으로 투자했고, 1990년대에는 야후와 함께 야후재팬을 세우고, 1999년경에는 초기 단계의 알리바바에 약 2000만 달러를 투자해 훗날 수백억 달러 규모 가치를 만드는 전설적인 투자 성과를 거두었습니다.

보다폰재팬 인수로 이동통신 사업에 진출하고, 미국 통신사 스프린트 인수, 2017년 약 1,000억 달러 규모 비전펀드를 통해 우버, 위워크 등 수많은 테크 기업에 베팅하면서 큰 이익과 손실을 모두 경험했으며, 여러 차례 재무적 위기론 속에서도 소프트뱅크 회장으로 남아 AI와 반도체 분야에 대규모 투자를 이어가는 60대 후반의 장기 비전형 투자자로 평가받고 있습니다.

손정의의 인사이트

단기 이익이 아니라 장기 유산을 만들어라.
Think long-term. Build what lasts.

10년이 아니라 30년, 300년을 보라.
Don't think 10 years out. Think 30. Think 300.

오늘의 질문

오늘 나는 얼마나 '장기적'으로 생각했는가?

당장의 이익에만 집중하며 유산을 포기하고 있지는 않은가?

부자는 10년이 아니라
300년을 내다보고 투자한다.
300 years of vision.

10년이 아니라, 300년 앞을 내다보며 생각하세요.

당신의 생애를 넘어설 긴 미래를 계획해야 합니다.

당신이 세상을 떠난 뒤에도 남을 무언가를 만드세요.

잠깐의 승리보다, 오래 남는 유산이 더 큰 가치입니다.

당신이 떠난 후에 무엇을 남겼는지가 결국 가장 중요합니다.

Think 300 years ahead, not just 10 years.

Plan beyond your own lifetime on earth.

Build something that lasts after you're gone.

Leaving a legacy beats winning quick and fast.

What you leave behind matters most.

방어

자산 보호와
리스크 관리의 기술

부자는 모르는 것에 돈을 맡기지 않는다.
Never invest in what you don't understand.

제대로 이해하지 못한 것에는 절대 투자하지 마세요.
직접 설명할 수 없다면, 제대로 아는 게 아닙니다.
당신이 깊이 알고 잘 아는 분야에만 집중하세요.
추측보다 확실한 이해가 언제나 더 강합니다.
혼란스러운 상태에서 하는 투자는 돈을 가장 빨리 잃게 만듭니다.

Never invest in what you don't understand clearly.
If you can't explain it, you don't know it.
Stick to areas you know deeply and well.
Understanding beats guessing every single time.
Confusion kills money faster than anything else.

부자들은 이해하지 못하는 것에 돈을 걸지 않습니다. 칼 아이칸은 50년간 투자하며 단 한 가지 원칙을 지켰습니다.
'완벽히 이해할 때까지 절대 사지 않는다.'
2000년 닷컴 버블 때 모든 사람들이 인터넷 주식을 샀습니다. 친구들이 추천했고, 뉴스에서 떠들었고, 주가는 매일 올랐습니다. 하지만 아이칸은 "이 회사들이 어떻게 돈을 버는지 모르겠다."며 단 한 주도 사지 않았습니다. 1년 후 닷컴 버블이 터졌습니다. 나스닥은 78% 폭락했고, 수많은 투자자들이 파산했습니다. 이때 아이칸은 현금을 쥐고 있다가 폭락한 우량 기업들을 싸게 샀습니다.
부자는 '다들 사니까 나도!'가 아니라 '내가 이해하니까 산다.'라는 원칙을 지킵니다. 친구가 추천해도, 전문가가 말해도, 당신이 이해 못 하면 사지 마세요. 이해하지 못한 투자는 도박입니다. 간단히 설명할 수 없으면 투자하지 마세요.

칼 아이칸 Carl Icahn

1936년 뉴욕 퀸즈의 유대인 가정에서 태어나 프린스턴대에서 철학을 전공한 뒤, 의대 진학 대신 1960년대 초 월스트리트에서 주식 중개인으로 경력을 시작했습니다. 이후 자신의 증권 회사를 세우고 저평가 기업의 지분을 대거 매입해 경영에 적극 개입하는 '행동주의 투자' 전략으로 이름을 알렸으며, 자신이 충분히 이해할 수 있다고 판단한 기업과 산업에 집중하는 스타일로 알려져 있습니다.

1980년대 TWA 항공과 텍사코 등 굵직한 기업들과의 싸움으로 '기업 사냥꾼'이라는 별명을 얻었고, 2000년대 이후에도 타임워너, 모토로라, 넷플릭스, 애플 등에 투자해 수십억 달러 규모의 이익을 거두며 월스트리트의 대표적인 전설로 자리 잡았습니다. 80대 후반이 된 지금도 아이칸 엔터프라이즈를 통해 거대 지분을 쥐고 기업들을 압박하는 행동주의 투자자로 활동하고 있으며, 막강한 영향력을 유지하고 있습니다.

칼 아이칸의 인사이트

이해 못 하면 절대 사지 마라.
Don't buy what you don't understand.

간단히 설명 못 하면 모르는 것이다.
No simple explanation? No real understanding.

오늘의 질문

오늘 나는 투자 전에 무엇을 '이해'했는가?

친구나 전문가 말만 듣고 투자하고 있지는 않은가?

부자는 모르는 것에 돈을 맡기지 않는다.
Never invest in what you don't understand.

제대로 이해하지 못한 것에는 절대 투자하지 마세요.

직접 설명할 수 없다면, 제대로 아는 게 아닙니다.

당신이 깊이 알고 잘 아는 분야에만 집중하세요.

추측보다 확실한 이해가 언제나 더 강합니다.

혼란스러운 상태에서 하는 투자는 돈을 가장 빨리 잃게 만듭니다.

Never invest in what you don't understand clearly.

If you can't explain it, you don't know it.

Stick to areas you know deeply and well.

Understanding beats guessing every single time.

Confusion kills money faster than anything else.

부자는 달걀을 한 바구니에 담지 않는다.
Diversification is the
only free lunch.

분산투자는 투자 세계에서 유일하게 공짜로 얻을 수 있는 이점입니다.
모든 달걀을 한 바구니에 담지 마세요.
여러 자산에 나눠 투자하면 리스크를 분산할 수 있습니다.
위험은 줄이면서도 수익은 지킬 수 있죠.
한 번의 실패로 모든 걸 잃지 않게 만들어줍니다.

Diversification is the only free lunch in investing.
Don't put all your eggs in one basket.
Spread your risk across many different assets.
You lower risk but keep your returns.
One bad bet won't kill you completely.

부자들은 분산투자가 유일한 공짜 점심이라는 것을 압니다. 해리 마코위츠는 1952년 수학적으로 증명했습니다. 10개 주식에 나눠 투자하면 위험은 크게 줄지만, 기대 수익은 거의 그대로라는 것을. 삼성전자에만 1억을 넣으면? 삼성이 위기에 빠지면 당신도 끝입니다. 하지만 10개 회사에 1천만 원씩 나누면? 하나가 망해도 90%는 살아 있습니다. 2008년 금융위기 때 리먼브라더스 주식에 전 재산을 넣은 사람들은 하루아침에 모든 것을 잃었습니다. 반면 분산 투자한 사람들은 일부 손실을 봤지만 회복했습니다. 마코위츠는 1990년 노벨경제학상을 받으며 말했습니다. "분산투자는 유일한 공짜 점심입니다."
비용 없이 위험을 줄일 수 있습니다. 부자는 한곳에 올인하지 않습니다. 주식, 채권, 부동산, 현금. 여러 바구니에 담습니다. 한 바구니가 떨어져도 괜찮습니다.

해리 마코위츠 **Harry Markowitz**

1927년 시카고에서 태어나 시카고대학에서 경제학을 공부했고, 1952년 〈Portfolio Selection〉 논문을 통해 여러 자산을 조합해 위험을 줄이면서도 기대수익을 유지하는 현대 포트폴리오 이론의 기초를 제시했습니다. 당시 심사위원으로 있던 밀턴 프리드먼이 "경제학이라기보다 수학 같다."는 말을 했다는 일화로 유명하지만, 결국 그의 연구는 효율적 투자선과 평균-분산 분석이라는 개념으로 인정받아, 1990년 샤프와 밀러와 함께 노벨경제학상을 받았습니다.

마코위츠의 이론은 오늘날 뮤추얼펀드와 연금, 로보어드바이저까지 거의 모든 자산 배분 전략의 토대가 되었고, 그는 2023년 샌디에이고에서 95세를 일기로 세상을 떠날 때까지 현대 투자 이론의 아버지로 평가받았습니다.

해리 마코위츠의 인사이트

한곳에 올인하지 말고, 여러 곳에 나눠라.
Don't put all your eggs in one basket.

분산투자는 비용 없이 위험을 줄인다.
Spread out. Lower risk. No downside.

오늘의 질문

오늘 나는 투자를 어떻게 '분산'했는가?

_____

한 바구니에 모든 달걀을 담으며 위험을 키우고 있지는 않은가?

_____

부자는 달걀을 한 바구니에 담지 않는다. Diversification is the only free lunch.

분산투자는 투자 세계에서 유일하게 공짜로 얻을 수 있는 이점입니다.

모든 달걀을 한 바구니에 담지 마세요.

여러 자산에 나눠 투자하면 리스크를 분산할 수 있습니다.

위험은 줄이면서도 수익은 지킬 수 있죠.

한 번의 실패로 모든 걸 잃지 않게 만들어줍니다.

Diversification is the only free lunch in investing.

Don't put all your eggs in one basket.

Spread your risk across many different assets.

You lower risk but keep your returns.

One bad bet won't kill you completely.

부자는 먼저 살아남고, 그다음에 이긴다.
First, don't lose.
Then, win.

리스크 관리는 성공의 핵심 토대입니다.
돈을 버는 것보다 지키는 게 더 중요하죠.
먼저 손실부터 막고, 그다음에 수익을 좇으세요.
항상 먼저 살아남고, 그다음에 이기는 겁니다.
한 번 잃은 돈은 다시 자라지 않습니다.

Risk management is the key to success.
Keeping money matters more than making more money.
Stop losses first, then chase profits later.
Survive first, win second always.
Dead money never grows back.

부자들은 수익보다 리스크부터 봅니다. 재닛 옐런은 2000년대 중반 서브프라임 모기지와 주택시장 과열이 금융 시스템 전체에 위험을 줄 수 있다고 연준 내부에서 반복해서 경고한 소수의 인물로 평가됩니다. 많은 이들이 '집값은 쉽게 안 떨어진다.'고 믿던 시기에, 그녀는 '버블이 꺼질 경우의 최악의 시나리오'를 먼저 상정했고, 실제로 2008년 위기가 닥쳤을 때 그 리스크가 현실이 되었습니다. 진짜 부자와 노련한 투자자들은 '얼마 벌까?'보다 '잘못되면 얼마나 잃고, 그 손실을 견딜 수 있는가?'를 먼저 계산합니다.
못 견딜 수준이라면 애초에 들어가지 않는 것, 그 보수적인 선 긋기가 살아남는 사람과 퇴장하는 사람을 가르는 기준이 됩니다.

재닛 옐런 Janet Yellen

1946년 뉴욕 브루클린에서 태어나 브라운대에서 경제학을 전공하고 예일대에서 경제학 박사 학위를 받은 뒤, UC 버클리 경제학과 교수로 노동시장과 실업에 관한 연구로 명성을 얻었습니다. 1994년 연준 이사로 임명되고, 2004년 샌프란시스코 연방준비은행 총재가 되어 2000년대 중반 주택시장 과열과 서브프라임 모기지의 위험성을 연준 내부에서 반복적으로 제기한 인물로 기록됩니다.

2014년에는 미국 최초의 여성 연방준비제도 의장으로 취임해 금융위기 이후 초저금리 정책에서 점진적인 금리 정상화를 이끌었고, 2021년 바이든 행정부에서 역시 최초의 여성 재무장관으로 임명되어 코로나19 이후의 경기 대응과 재정·금융정책 조율에 핵심 역할을 했습니다. 노벨경제학상 수상자인 경제학자 조지 애컬로프와 결혼한 그는, 70대 후반이 된 현재까지도 미국 경제정책과 금융안정 논의에서 영향력 있는 목소리를 내고 있습니다.

재닛 옐런의 인사이트

얼마를 벌 수 있는지보다, 얼마나 잃을 수 있는지를 먼저 봐라.
Don't chase gains. Guard against losses.

살아남는 게 먼저, 번창은 그다음이다.
First survive. Then thrive.

오늘의 질문

오늘 나는 리스크를 어떻게 '관리'했는가?

_____

수익만 보고 리스크를 무시하고 있지는 않은가?

_____

부자는 먼저 살아남고, 그다음에 이긴다.
First, don't lose.
Then, win.

리스크 관리는 성공의 핵심 토대입니다.

돈을 버는 것보다 지키는 게 더 중요하죠.

먼저 손실부터 막고, 그다음에 수익을 좇으세요.

항상 먼저 살아남고, 그다음에 이기는 겁니다.

한 번 잃은 돈은 다시 자라지 않습니다.

Risk management is the key to success.

Keeping money matters more than making more money.

Stop losses first, then chase profits later.

Survive first, win second always.

Dead money never grows back.

부자는 자신의 맹점을 인정한다.
Imperfect understanding is human.

고통에 성찰이 더해질 때, 비로소 진보가 시작됩니다.
우리 모두는 맹점이 있고, 누구나 실수합니다.
세상의 모든 것을 다 알 수는 없다는 사실을 받아들이세요.
실패에서 배우고, 끊임없이 자신을 개선해나가야 합니다.
약점을 인정하는 용기가 오히려 당신을 더 강하게 만듭니다.

Pain plus reflection equals progress always.
We all have blind spots and make mistakes.
Accept that you don't know everything out there.
Learn from your failures and keep improving yourself.
Admitting weakness makes you stronger, not weaker.

부자들은 자신이 불완전하다는 것을 인정합니다. 레이 달리오는 1982년 멕시코 부채 위기를 잘못 예측했습니다. 회사는 거의 파산했고, 직원들을 모두 해고해야 했습니다. 그는 무너졌습니다. 하지만 그 순간 '내가 뭘 몰랐지? 왜 틀렸지?' 하고 스스로에게 결정적 질문을 했습니다. 6개월간 성찰했습니다. 결국 자신의 맹점을 찾았습니다.

'나는 확신할 때 가장 위험하다.'

이후 그는 시스템을 만들었습니다. 중요한 결정을 내릴 때마다 반대 의견을 듣고 자신의 판단을 의심합니다. 데이터로 검증합니다. 30년 후 브리지워터는 세계 최대 헤지펀드가 되었습니다.

부자는 자신이 틀릴 수 있다는 것을 압니다. 실수를 인정하고, 성찰하고, 배웁니다. 고통에 성찰을 더하면 진보가 됩니다. 완벽한 척하지 마세요.

레이 달리오 Ray Dalio

1949년 뉴욕 퀸즈 중산층 가정에서 자라 12세에 골프장 캐디로 일하며 처음 주식을 샀습니다. 롱아일랜드대학과 하버드 MBA를 거쳐 1975년 26세에 뉴욕 아파트에서 브리지워터 어소시에이츠를 창업했습니다. 1982년 멕시코 부채위기를 잘못 예측해 거의 파산하고 모든 직원을 해고하며 혼자 남았지만, 이 실패가 전환점이 되었습니다. '고통+성찰=진보' 공식을 깨달았고, 자신의 실수를 철저히 분석해 '원칙(Principles)' 시스템을 만들었습니다.

완벽함을 추구하지 않고 실수를 인정하며 배우는 문화를 구축했고, 2008년 금융위기 당시에도 두 자릿수 수익을 기록하며 하락장에서 오히려 돈을 벌었고, 이후 운용 자산이 1천억~수천억 달러 규모에 이르는 세계 최대급 헤지펀드로 성장했습니다. 2017년 《원칙》을 출간해 뉴욕타임스 베스트셀러가 되었고, 코네티컷에서 검소하게 살며 70대 중반인 지금도 경제 사이클과 글로벌 거시경제를 연구하고 있습니다.

레이 달리오의 인사이트

실수는 부끄러운 게 아니라, 배우지 않는 게 부끄럽다.
Mistakes aren't the problem. Not learning is.

고통 + 성찰 = 진보.
Pain plus reflection drives progress.

오늘의 질문

오늘 나는 어떤 실수에서 '배웠는가'?

완벽한 척하며 실수를 감추고 있지는 않은가?

부자는 자신의 맹점을 인정한다.
Imperfect understanding is human.

고통에 성찰이 더해질 때, 비로소 진보가 시작됩니다.

우리 모두는 맹점이 있고, 누구나 실수합니다.

세상의 모든 것을 다 알 수는 없다는 사실을 받아들이세요.

실패에서 배우고, 끊임없이 자신을 개선해나가야 합니다.

약점을 인정하는 용기가 오히려 당신을 더 강하게 만듭니다.

Pain plus reflection equals progress always.

We all have blind spots and make mistakes.

Accept that you don't know everything out there.

Learn from your failures and keep improving yourself.

Admitting weakness makes you stronger, not weaker.

부자는 수익보다 먼저 위험을 본다.
Managing risks, not returns.

위대한 투자자는 수익보다 먼저 위험부터 관리합니다.
얼마나 벌 수 있을지가 아니라, 얼마나 잃을 수 있을지를 보세요.
위험을 잘 통제하면, 수익은 자연스럽게 따라옵니다.
챔피언은 항상 수비가 만든다는 말처럼, 방어가 중요합니다.
하방을 지키면, 상방은 저절로 따라옵니다.

Great investors manage risks, not returns first.
Focus on what you lose, not what you gain.
Control risk well and returns follow naturally.
Defense wins championships every single time.
Protect downside and upside takes care of itself.

부자들은 공격보다 수비를 먼저 설계합니다. 하워드 막스는 수십 년 동안 투자 메모에서 한 가지를 반복합니다.
'먼저 잃지 않는 것, 그다음이 버는 것이다.'
그는 시장이 과열될 때 남들처럼 더 밟지 않고, 위험 자산 비중을 줄이고 현금을 쌓는 쪽에 서기로 유명합니다. 2008년 금융위기 때 많은 펀드들이 두 자릿수 손실로 흔들렸지만, 오크트리는 상대적으로 작은 타격에 그쳤고 곧바로 준비해둔 자금으로 폭락한 채권과 부실 자산을 주워 담았습니다. 그 결과 이후 긴 회복 구간에서 높은 복리 수익을 누릴 수 있었고, 막스는 '위대한 투자자는 수익을 직접 통제하려 하지 않는다. 통제할 수 있는 것은 오직 위험뿐'이라고 정리합니다.
30% 손실을 회복하려면 약 43% 수익이, 50% 손실을 메우려면 100% 수익이 필요합니다. 한 번의 큰 손실이 얼마나 치명적인지 아는 사람일수록, 손실을 막는 수비 전략이야말로 최고의 공격이라는 사실을 잊지 않습니다.

하워드 막스 Howard Marks

1946년 뉴욕 출생으로 펜실베이니아대학 와튼스쿨과 시카고대에서 경영회계 관련 석사 과정을 밟았습니다. 1978년 씨티코프에서 전환사채 투자를 시작했고, 1985년 TCW에서 부실채권 그룹을 만들어 고수익 채권 투자 전문가가 되었습니다. 1995년 오크트리 캐피탈 매니지먼트를 창립해 부실채권과 특수상황 투자에 집중했고, 그는 '먼저 손실을 피하는 것'이 핵심이라고 강조해왔습니다. 1990년부터 고객들에게 보내는 '메모'로 유명하며, 워런 버핏은 "하워드의 메모가 도착하면 모든 일을 멈추고 읽는다."라고 말했습니다.

2000년 닷컴 버블과 2008년 금융위기와 과열기에 리스크를 줄이고, 붕괴 이후 매수로 큰 수익을 거두었습니다" 2011년 《투자에 대한 생각》을 출간해 투자 철학서의 고전이 되었고, 현재 오크트리는 1,850억 달러 이상을 운용하며 부실채권 투자 분야 세계 1위입니다. 지금도 '수비가 챔피언을 만든다.'는 식의 리스크 우선 철학을 메모,강연을 통해 전파하고 있습니다

하워드 막스의 인사이트

공격으로 경기를 이기지만, 수비로 챔피언십을 이긴다.
Score to win today. Defend to win it all.

손실을 피하는 것이 최고의 수익 전략이다.
Defense is the best profit strategy.

오늘의 질문

오늘 나는 '수비'를 어떻게 했는가?

수익만 좇으며 리스크 관리를 소홀히 하고 있지는 않은가?

부자는 수익보다 먼저 위험을 본다.
Managing risks, not returns.

위대한 투자자는 수익보다 먼저 위험부터 관리합니다.

얼마나 벌 수 있을지가 아니라, 얼마나 잃을 수 있을지를 보세요.

위험을 잘 통제하면, 수익은 자연스럽게 따라옵니다.

챔피언은 항상 수비가 만든다는 말처럼, 방어가 중요합니다.

하방을 지키면, 상방은 저절로 따라옵니다.

Great investors manage risks, not returns first.

Focus on what you lose, not what you gain.

Control risk well and returns follow naturally.

Defense wins championships every single time.

Protect downside and upside takes care of itself.

부자는 맞히지 않고, 대비한다.
You can't predict,
but you can protect.

시장은 예측할 수 없지만, 자신을 보호하는 건 가능합니다.
다음에 무슨 일이 일어날지 괜히 추측하려 하지 마세요.
앞으로 벌어질 다양한 상황에 대비해 강한 방어선을 구축하세요.
예측보다 준비가 언제나 더 큰 힘을 발휘합니다.
무엇이 오든 대비되어 있다면, 결국 살아남게 됩니다.

You can't predict markets, but you can protect yourself.
Stop trying to guess what happens next.
Build strong defenses for multiple scenarios ahead.
Preparation wins over prediction every single time.
Be ready for anything and you survive.

부자들은 예측하지 않고 준비합니다. 2008년 금융위기 때 데이비드 테퍼는 큰 결정을 내려야 했습니다. 뱅크오브아메리카와 씨티그룹 주식을 살 것인가? 은행들이 파산할 수도 있었습니다. 대부분의 투자자들은 '파산할까? 살까?' 예측하려 했습니다. 테퍼는 달랐습니다. "나는 예측할 수 없다. 하지만 두 시나리오 모두 준비할 수 있다."
시나리오 1 : 정부가 구제한다. → 은행 주식 폭등 → 큰 수익
시나리오 2 : 은행이 파산한다. → 손실 제한 설정 → 작은 손실
테퍼는 적당한 규모로 투자하고, 손절매 라인을 정했습니다. 결국 정부가 구제했고, 그의 펀드가 약 70억 달러를 벌었습니다. 부자는 미래를 맞히려 하지 않습니다. 어떤 미래가 와도 살아남도록 준비합니다. 예측은 도박입니다. 준비는 전략입니다.

데이비드 테퍼 David Tepper

1957년 펜실베이니아주 피츠버그에서 태어나 피츠버그대에서 경제학을 전공하고 카네기멜론대에서 경영 석사를 받은 뒤, 고수익 채권 트레이더로 경력을 쌓았습니다. 이후 1993년 애팔루사 매니지먼트를 설립해 위기 상황에서 부실 채권과 문제가 있는 기업들에 투자하는 디스트레스 전략으로 이름을 알렸습니다. 2008년 금융위기 당시 시장이 공포에 휩싸여 은행주를 내던질 때, 그는 정부 지원 가능성과 손실 위험을 모두 감안해 뱅크오브아메리카와 씨티그룹 등 금융주에 과감히 베팅했고, 2009년 한 해 그의 펀드는 약 70억 달러의 이익을 내며 헤지펀드 역사상 가장 인상적인 수익을 거둔 사례 가운데 하나로 꼽혔습니다.

이후에도 여러 해에 걸쳐 높은 수익을 올린 그는 2018년 NFL 캐롤라이나 팬서스를 약 22억 달러에 인수해 구단주가 되었고, 60대 후반이 된 현재는 외부 자금을 대부분 돌려주고 가족 자산을 중심으로 운용하면서 '미래는 예측할 수 없지만 다양한 시나리오에 대비할 수는 있다.'는 메시지를 강조하는 투자자로 남아 있습니다.

데이비드 테퍼의 인사이트

예측은 틀려도 방어는 가능하다.
You can't predict the future but you can prepare for it.

여러 시나리오를 준비하라.
Plan for every scenario.

오늘의 질문

오늘 나는 어떻게 '준비'했는가?

예측에만 의존하며 방어를 소홀히 하고 있지는 않은가?

부자는 맞히지 않고, 대비한다.
You can't predict,
but you can protect.

시장은 예측할 수 없지만, 자신을 보호하는 건 가능합니다.

다음에 무슨 일이 일어날지 괜히 추측하려 하지 마세요.

앞으로 벌어질 다양한 상황에 대비해 강한 방어선을 구축하세요.

예측보다 준비가 언제나 더 큰 힘을 발휘합니다.

무엇이 오든 대비되어 있다면, 결국 살아남게 됩니다.

You can't predict markets, but you can protect yourself.

Stop trying to guess what happens next.

Build strong defenses for multiple scenarios ahead.

Preparation wins over prediction every single time.

Be ready for anything and you survive.

세스 클라먼 Seth Klarman

부자는 군중과 반대로 움직인다.
Be fearful when others are greedy.

사람들이 욕심내며 떠들썩할 땐, 오히려 조심해야 합니다.
반대로, 모두가 두려워하고 조용할 땐 기회를 노리세요.
극단적인 상황에서 군중은 대체로 틀리는 경우가 많습니다.
무리를 거스를 수 있는 용기를 가지세요.
다른 이들이 지는 순간, 역발상은 승리합니다.

Be fearful when others are greedy and loud.
Be greedy when others are fearful and quiet.
The crowd is usually wrong at extremes always.
Have courage to go against the herd.
Contrarian thinking wins when everyone else loses.

부자들은 군중이 극단적일 때 반대로 움직입니다. 세스 클라먼은 보스포스트 그룹을 40년 간 운영하며 한 가지 패턴을 발견했습니다.
'군중은 극단에서 항상 틀린다.'
2000년 모든 사람이 인터넷 주식을 사고 싶어했을 때, 클라먼은 팔았습니다. 사람들은 클라먼이 기회를 놓치고 있다며 비웃었습니다. 1년 후 나스닥은 78% 폭락했습니다. 2008년 모든 사람이 팔고 싶어했을 때, 클라먼은 샀습니다. 사람들은 그를 보며 미쳤다고 했습니다. 2009년 시장은 회복했고, 클라먼은 막대한 수익을 냈습니다. 그는 말합니다.
"모두가 탐욕스러울 때 두려워하고, 모두가 두려워할 때 탐욕스러워하라."
부자는 군중 심리를 역이용합니다. 광풍이 불 때 조심하고, 공포가 퍼질 때 움직입니다. 쉽지 않습니다. 하지만 이것이 큰돈을 버는 비밀입니다.

세스 클라먼 Seth Klarman

1957년 뉴욕 출생으로 코넬대에서 경제학을 전공하고 하버드 MBA를 받았습니다. 1982년 하버드 교수진 등으로부터 약 2,700만 달러를 위탁받아 바우포스트 그룹을 설립했고, 벤저민 그레이엄의 가치투자와 안전마진 철학을 계승한 역발상 투자를 실천해왔습니다. 1991년 출간한 《Margin of Safety》는 절판 후 희소성을 얻어 중고가 수백~수천 달러에 거래되는 전설적인 투자서가 되었습니다. 닷컴 버블 때 기술주 열풍에 올라타지 않고 현금과 저평가 자산 비중을 유지해 폭락을 상당 부분 피했으며, 2008년 금융위기에서는 시장이 외면한 부실 자산을 장기 관점에서 매수해 이후 큰 수익을 거뒀습니다. 수십 년간 업계 평균을 크게 웃도는 두 자릿수 연평균 수익률을 기록하며 운용자산을 수백억 달러 규모로 키웠고, 극도로 사생활을 중시해 언론 인터뷰와 신규 투자자 유입을 최소화하면서도 하버드·MIT 등에는 거액을 기부해온 조용한 가치투자 거장으로 평가됩니다.

세스 클라먼의 인사이트

모두가 사고 싶을 때 팔고, 모두가 팔고 싶을 때 사라.
Go against the crowd. That's where the value is.

군중은 극단적인 부분에서 항상 틀린다.
The crowd gets it wrong at the extremes.

오늘의 질문

오늘 나는 군중과 '반대'로 무엇을 했는가?

무리를 따라가며 극단적인 실수를 하고 있지는 않은가?

부자는 군중과 반대로 움직인다.
Be fearful when others are greedy.

사람들이 욕심내며 떠들썩할 땐, 오히려 조심해야 합니다.

반대로, 모두가 두려워하고 조용할 땐 기회를 노리세요.

극단적인 상황에서 군중은 대체로 틀리는 경우가 많습니다.

무리를 거스를 수 있는 용기를 가지세요.

다른 이들이 지는 순간, 역발상은 승리합니다.

Be fearful when others are greedy and loud.

Be greedy when others are fearful and quiet.

The crowd is usually wrong at extremes always.

Have courage to go against the herd.

Contrarian thinking wins when everyone else loses.

부자는 폭락보다 두려움을 더 경계한다.
Fear costs more than crashes.

진짜 손실은 폭락이 아니라, 그에 대한 두려움에서 시작됩니다.
시장을 완벽하게 타이밍 맞추는 건 누구에게도 불가능합니다.
언제 들어가느냐보다 오래 버티는 시간이 더 중요합니다.
시장에 머물면서 오르내림을 함께 견디세요.
공황에 빠져 파는 순간, 어떤 폭락보다 더 큰 손해가 납니다.

Fear costs you more than crashes ever do.
Timing the market perfectly is impossible for anyone.
Time in the market wins over timing the market.
Stay invested through all ups and downs.
Panic selling kills wealth faster than any crash.

부자들은 시장 타이밍이 거의 불가능하다는 것을 압니다. 말킬과 여러 연구에 따르면, 장기적으로 S&P 500에 그냥 머물렀을 때 연평균 수익률은 대략 9~10% 수준이지만, 같은 기간 '최고 상승일' 10일만 빼도 연평균 수익률이 약 6% 안팎으로 떨어질 수 있습니다. 문제는 그 10일이 언제일지 아무도 모른다는 점입니다.

2020년 3월 코로나 폭락 때 많은 사람들이 더 떨어질 것 같다며 주식을 팔았습니다. 그러나 3월 23일이 저점이었고, 그 직후 시장은 강하게 반등하기 시작했습니다. 현금을 들고 있던 사람들은 이 초반 큰 상승을 놓쳤고, 8월경 S&P 500이 이미 사상 최고치를 다시 찍었을 때 들어가려니 상당 부분 늦은 셈이었습니다. 장기 데이터가 보여주는 것은 분명합니다. 부자는 시장 타이밍을 맞추려 하지 않고, 공포 속에서도 계속 머뭅니다. 두려움이 폭락 그 자체보다 더 큰 손실을 만들 수 있기 때문입니다.

버튼 말킬 Burton Malkiel

1932년 보스턴 출생으로 예일대에서 경제학을 전공하고 프린스턴대에서 경제학 박사를 받았습니다. 프린스턴대 경제학과 교수로 수십 년간 재직하며 1973년 《A Random Walk Down Wall Street》을 출간했고, 이 책은 개정판을 거듭하며 투자 교양서의 고전으로 자리 잡았습니다. '주가는 랜덤워크처럼 움직인다.'는 효율적 시장 가설을 대중에게 알렸고, '눈 가린 원숭이가 다트를 던져 고른 포트폴리오가 전문가 못지않을 수 있다.'는 비유로 액티브 운용을 비판했습니다.

시장 타이밍 시도를 비판하며 장기 분산투자와 인덱스 투자를 강조했고, 1977년부터 뱅가드 이사회에서 활동하며 존 보글과 함께 인덱스 펀드 확산에 기여했습니다. 고령이 된 이후에도 《A Random Walk Down Wall Street》 개정판을 지속적으로 내며, 공포 속의 매도와 시장 이탈이 장기 성과를 크게 갉아먹는다는 메시지를 반복해서 전하고 있습니다.

버튼 말킬의 인사이트

시장 타이밍을 맞추려 하지 말고, 시장에 계속 있어라.
Don't guess the timing. Trust the staying.

최고의 상승일을 놓치면 수익의 절반을 잃는다.
Miss the best days, miss the gains.

오늘의 질문

오늘 나는 시장에 '머물렀는가'?

두려움에 시장을 떠나며 기회를 놓치고 있지는 않은가?

부자는 폭락보다 두려움을 더 경계한다.
Fear costs more than crashes.

진짜 손실은 폭락이 아니라, 그에 대한 두려움에서 시작됩니다.

시장을 완벽하게 타이밍 맞추는 건 누구에게도 불가능합니다.

언제 들어가느냐보다 오래 버티는 시간이 더 중요합니다.

시장에 머물면서 오르내림을 함께 견디세요.

공황에 빠져 파는 순간, 어떤 폭락보다 더 큰 손해가 납니다.

Fear costs you more than crashes ever do.

Timing the market perfectly is impossible for anyone.

Time in the market wins over timing the market.

Stay invested through all ups and downs.

Panic selling kills wealth faster than any crash.

부자는 희망보다 준비를 먼저 한다.
Hope for the best,
prepare for the worst.

언제나 좋은 결과를 기대하되, 최악의 상황에도 철저히 대비하세요.
긴급자금은 선택이 아니라 반드시 준비해야 할 필수 요소입니다.
최소 6개월치 생활비는 따로 저축해두세요.
재정적 안정은 이런 철저한 준비에서 시작됩니다.
큰 위기가 닥쳤을 때, 당신을 지켜주는 건 바로 이 긴급 자금입니다.

Hope for the best, prepare for the worst.
Emergency funds are not optional but essential always.
Save at least six months of expenses.
Financial security starts with solid preparation like this.
Emergency cash saves you when trouble hits hard.

부자들은 비상 자금을 필수로 여깁니다. 수지 오먼은 수십 년간 상담과 사례를 보며, 파국으로 가는 사람들의 공통점은 '비상 자금이 없었다는 점'이라고 강조합니다. 한 남자는 안정된 연봉과 꽤 큰 주식 투자 잔고를 갖고 있었지만, 해고 통보와 동시에 폭락장을 맞으면서 생활비 때문에 손실을 감수하고 주식을 팔아야 했고 결국 파산 직전까지 몰렸습니다. 오먼은 말합니다.
"투자보다 먼저 비상 자금입니다. 비상 자금이 없는 포트폴리오는 작은 충격에도 무너집니다."
최소 6개월, 가능하다면 8~12개월치 생활비를 안전한 계좌에 쌓은 뒤 투자하라고 조언합니다. 갑자기 직장을 잃어도, 아파도, 차가 고장 나도 버틸 수 있어야 합니다. 부자는 최고를 바라보되 최악에 대비합니다. 비상 자금은 선택이 아니라 필수이며, 이것이 재정 안정의 첫 번째 기둥입니다.

수지 오먼 Suze Orman

1951년 시카고 출생으로 일리노이대 어바나–샴페인에서 사회복지 계열을 전공했습니다. 졸업 후 캘리포니아 버클리에서 웨이터로 일하며 모은 돈과 지인에게 빌린 자금을 합쳐 약 5만 달러를 마련했다가 잘못된 투자로 잃은 경험을 계기로 1980년대 초 메릴린치에 입사해 금융 자문가가 되었습니다. 이후 프루덴셜 베이어 시큐리티즈 부사장을 거쳐 1987년 Suze Orman Financial Group을 설립했습니다.

'비상 자금이 없으면 투자하지 말라.'는 원칙으로 유명하며, 전통적인 3~6개월이 아닌 최소 8~12개월치 생활비를 비상 자금으로 둘 것을 강조합니다. 대중 재무교육의 아이콘으로서 데이타임 에미상을 두 차례 수상했으며 젊은 세대에게 재정 독립의 중요성을 알렸습니다. 2020년 척추 종양 수술 이후 건강·의료비 리스크와 보험, 비상 자금의 필요성을 더욱 강하게 설파하고 있고, 현재는 바하마에서 파트너와 함께 살며 팟캐스트와 온라인 채널을 통해 '준비 없는 희망은 도박.'이라는 메시지를 계속 전하고 있습니다.

수지 오먼의 인사이트

비상 자금 없이 투자하지 마라.
No emergency fund? No investing.

8개월치 생활비를 반드시 저축하라.
Eight months saved. No exceptions.

오늘의 질문

오늘 나는 비상 자금에 얼마를 '저축'했는가?

비상 자금 없이 투자하며 위험을 키우고 있지는 않은가?

부자는 희망보다 준비를 먼저 한다.
Hope for the best,
prepare for the worst.

언제나 좋은 결과를 기대하되, 최악의 상황에도 철저히 대비하세요.

긴급자금은 선택이 아니라 반드시 준비해야 할 필수 요소입니다.

최소 6개월치 생활비는 따로 저축해두세요.

재정적 안정은 이런 철저한 준비에서 시작됩니다.

큰 위기가 닥쳤을 때, 당신을 지켜주는 건 바로 이 긴급 자금입니다.

Hope for the best, prepare for the worst.

Emergency funds are not optional but essential always.

Save at least six months of expenses.

Financial security starts with solid preparation like this.

Emergency cash saves you when trouble hits hard.

 **메리 캘러핸 어도스 Mary Callahan Erdoes**

부자는 돈이 어디로 가는지 알고 있다.
A budget tells your money where to go.

예산은 당신의 돈이 어디로 가야 할지 미리 정해줍니다.
예산이 없다면, 돈이 어디로 사라졌는지 늘 궁금하게 될 겁니다.
지출하는 모든 돈을 꼼꼼히 기록하고 추적하세요.
당신이 돈을 관리하지 않으면, 돈이 당신을 휘두르게 됩니다.
계획 없는 돈은 조용히, 그리고 순식간에 사라집니다.

A budget tells your money where to go.
Without a budget, you wonder where it went.
Track every single dollar you spend carefully.
Control your money or it controls you instead.
Money without a plan disappears fast and quietly.

부자들은 예산 없는 돈이 어떻게 사라지는지 압니다. 메리 캘러헌 어도스는 J.P. 모건의 자산·웰스 매니지먼트 CEO로, 수조 달러 규모의 고객 자산을 책임지는 세계적인 자산운용 리더입니다. 그녀는 거액 자산가를 상대하면서도, 개인 재무 관리에서 예산과 지출 추적의 중요성을 반복해서 강조해왔습니다. 실제로 고소득 전문직 고객들 가운데서도, 연봉은 매우 높지만 예산 없이 소비하다 보니 상당한 부채를 안고 있는 사례가 드물지 않다고 지적합니다.
커피값, 배달, 택시, 구독료 같은 작은 지출이 쌓여 큰돈이 되는 만큼, 최소 몇 달 동안 모든 지출을 기록해 '한 달에 이렇게 쓰고 있었나?' 하는 인식을 주는 것이 출발점이라고 말합니다. 부자일수록 매달 예산을 세우고 저축, 투자, 고정비, 변동비 등 돈의 용도를 미리 정해, 돈을 쓰는 사람이 아니라 돈을 통제하는 사람이 되려고 합니다.

메리 캘러헌 어도스 Mary Callahan Erdoes

1967년 시카고 출생으로 조지타운대에서 수학을 전공하고 하버드 비즈니스스쿨에서 MBA를 받았습니다. 1996년 J.P.모건에 합류해 프라이빗뱅킹과 자산운용 부문에서 경력을 쌓았고, 2009년 자산·웰스 매니지먼트 부문 CEO가 되어 수조 달러 규모의 자산을 책임지는 세계적인 자산운용 리더가 되었습니다. 그는 예산과 지출 추적의 중요성을 강조하며, 거액을 굴리는 고객이라도 예산 없이 돈의 흐름을 관리하지 못하면 재정적으로 취약해질 수 있다고 경고합니다.

커피·배달·구독료 같은 작은 일상 지출이 장기적으로 큰 차이를 만든다는 점을 들어, 매달 저축·투자·고정비·변동비에 돈의 '역할'을 미리 정해두는 습관을 권합니다. 2008년 금융위기와 2020년 팬데믹을 거치며 J.P.모건 자산운용을 이끌어 온 동시에 세 자녀의 어머니로서 일과 가정의 균형, 여성 리더 육성의 중요성을 강조해왔고, 지금도 자산운용 CEO로서 '돈을 버는 것만큼이나 돈을 통제하는 능력'을 강조하고 있습니다.

메리 캘러헌 어도스의 인사이트

예산이 없으면 돈이 어디로 갔는지도 모른다.
No budget means no idea where your money went.

모든 돈에 명확한 역할을 부여하라.
Name your dollars before you spend them.

오늘의 질문

오늘 나는 예산을 어떻게 '지켰는가'?

___

돈이 어디로 가는지 모른 채 살고 있지는 않은가?

___

부자는 돈이 어디로 가는지 알고 있다.
A budget tells your money where to go.

예산은 당신의 돈이 어디로 가야 할지 미리 정해줍니다.

예산이 없다면, 돈이 어디로 사라졌는지 늘 궁금하게 될 겁니다.

지출하는 모든 돈을 꼼꼼히 기록하고 추적하세요.

당신이 돈을 관리하지 않으면, 돈이 당신을 휘두르게 됩니다.

계획 없는 돈은 조용히, 그리고 순식간에 사라집니다.

A budget tells your money where to go.

Without a budget, you wonder where it went.

Track every single dollar you spend carefully.

Control your money or it controls you instead.

Money without a plan disappears fast and quietly.

부자는 버는 게 아니라 지키는 사람이다.
How much you keep matters.

중요한 건 얼마나 버느냐가 아니라, 얼마나 지키느냐입니다.
소득이 높다고 해서 그게 곧 부는 아닙니다.
지출을 잘 관리하고, 남는 돈은 투자하세요.
버는 것보다 지키는 게 훨씬 더 어렵습니다.
진짜 부는 버는 돈이 아니라, 모은 돈에서 만들어집니다.

It's not how much you make, but how much you keep.
High income doesn't mean wealth at all.
Control your spending and invest the difference.
Keeping money is harder than making it.
What you save builds wealth, not what you earn.

부자들은 수입 자체보다 저축률을 더 중요하게 봅니다. 뱅가드 전 CEO 잭 브레넌을 비롯한 많은 장기 투자자들은, 연봉이 낮더라도 소득의 40~50%를 꾸준히 저축·투자하는 사람이, 고연봉이면서 5%만 남기는 사람보다 장기적으로 더 빨리 부를 쌓을 수 있다고 강조합니다. 예를 들어 연봉 5천만 원에 저축률 50%인 사람은 연 2500만 원을 모으지만, 연봉 2억에 저축률 5%인 사람은 연 1,000만 원만 쌓습니다. 시간이 갈수록 자산 격차는 복리로 벌어집니다.

실제로 고소득 전문직이나 프로 운동선수 중에도, 연봉의 100% 이상을 써버려 파산 직전에 몰리는 사례가 적지 않은 반면, 교사, 공무원처럼 평범한 연봉으로 30~40%를 20년 이상 저축해 수억 원을 만든 사례가 다수 보고됩니다. 이 때문에 재무 전문가들은 "얼마를 버느냐보다, 얼마를 지키느냐가 부를 결정한다. 저축률이 20% 아래면 소득이 높아도 취약하다."라는 말과 함께, 소득을 늘리는 것 못지않게 지출 구조를 다이어트하라고 권합니다.

잭 브레넌 Jack Brennan

1954년 매사추세츠주에서 태어나 다트머스대학을 졸업하고 하버드 비즈니스스쿨에서 MBA를 받았습니다. 1982년 뱅가드에 입사해 존 보글 아래에서 경력을 쌓았고, 1996년 보글의 뒤를 이어 CEO가 되어 2008년까지 회사를 이끌었습니다. 재임 기간 동안 뱅가드는 운용 자산을 수천억 달러에서 수조 달러 규모로 키우며 세계 최대급 뮤추얼펀드 회사로 성장했고, 상호소유 구조와 고객 우선 철학을 유지한 채 저비용 인덱스펀드를 대중화했습니다.

그는 '얼마를 버느냐보다 생활 수준을 낮추고 지출을 통제해 얼마나 지키느냐가 더 중요하다.'라는 원칙을 강조하며, 소득이 높아도 전부 써버리면 가난하고 평범한 소득이라도 꾸준히 많이 남기면 부를 이룰 수 있다고 말해왔습니다. 2008년 CEO 자리에서 물러난 뒤에도 뱅가드의 명예회장·고문으로 활동하며, 70대가 된 지금까지도 '수입을 늘리는 것 못지않게 지출을 통제하는 습관이 장기적인 투자 성공의 핵심'이라는 메시지를 전하고 있습니다.

잭 브레넌의 인사이트

많이 버는 것보다 많이 지키는 게 중요하다.
Big income, zero savings? Useless.

저축률이 20% 미만이면 소득이 높아도 가난하다.
Savings rate below 20%? You're poor, no matter your income.

오늘의 질문

오늘 나는 얼마를 '지켰는가'?

수입만 늘리려 하고 지출 통제는 소홀히 하고 있지는 않은가?

부자는 버는 게 아니라 지키는 사람이다.
How much you keep matters.

중요한 건 얼마나 버느냐가 아니라, 얼마나 지키느냐입니다.

소득이 높다고 해서 그게 곧 부는 아닙니다.

지출을 잘 관리하고, 남는 돈은 투자하세요.

버는 것보다 지키는 게 훨씬 더 어렵습니다.

진짜 부는 버는 돈이 아니라, 모은 돈에서 만들어집니다.

It's not how much you make, but how much you keep.

High income doesn't mean wealth at all.

Control your spending and invest the difference.

Keeping money is harder than making it.

What you save builds wealth, not what you earn.

존 메이너드 케인스 John Maynard Keynes

부자는 시장보다 먼저 무너지지 않는다.
Markets can stay irrational longer.

시장은 당신이 버티는 시간보다 더 오래 비이성적으로 움직일 수 있습니다.
가격이 비싸다고 해서 당장 폭락하는 건 아닙니다.
절대 빌린 돈으로 거품에 반대로 베팅하지 마세요.
빚을 내서 투자하면 인내심에도 분명한 한계가 생깁니다.
비이성적인 시장은 빚을 쓴 똑똑한 투자자도 무너뜨릴 수 있습니다.

Markets can stay crazy longer than you survive.
Overpriced doesn't mean it crashes soon at all.
Never bet against bubbles with borrowed money.
Patience has limits when you borrow to invest.
Crazy markets kill smart traders using debt.

부자들은 시장이 언제까지 미쳐 있을 수 있는지 잘 압니다. 케인스의 말이 그 공포를 딱 짚습니다.
'시장은 당신이 버틸 수 있는 것보다 더 오래 비합리적일 수 있다.'
닷컴 버블 때도 똑같았습니다. 어떤 헤지펀드 매니저는 인터넷 주식이 명백한 거품이라고 보고 과감히 공매도에 들어갔습니다. 논리도 맞았고, 결국 버블은 붕괴했습니다. 문제는 타이밍이었습니다. 거품은 그의 예상보다 1~2년 더 이어졌고, 가격은 계속 치솟았습니다. 레버리지를 쓴 그는 마진콜과 환매 압력에 밀려 버티기도 전에 펀드를 접어야 했습니다.
이게 부자들이 빚으로 시장에 맞서지 않는 이유입니다. 버블을 알아도, 언제 터질지는 모릅니다. 레버리지는 그 불확실성에 '마감일'을 붙여버리고, 현금 투자만이 시간을 내 편으로 돌려줍니다.

존 메이너드 케인스 John Maynard Keynes

1883년 영국 케임브리지 출생으로 이튼칼리지와 케임브리지 킹스칼리지에서 수학과 경제학을 공부했습니다. 영국 재무부에서 일하며 1차 세계대전 후 베르사유 조약을 비판한 〈평화의 경제적 귀결〉로 유명해졌습니다. 1920년대부터 주식과 통화 투자를 시작했고, 케임브리지 킹스칼리지 재무를 맡아 연평균 12% 수익을 냈습니다. 1929년 대공황을 경험하며 자신도 큰 손실을 입었고, 이후 레버리지의 위험성을 깨달았습니다. 1936년 《고용, 이자 및 화폐의 일반이론》을 출간해 현대 거시경제학을 창시했고, 정부의 적극적 재정정책으로 경제를 관리해야 한다는 케인스주의 경제학을 확립했습니다. 2차 세계대전 후 브레튼우즈 체제 구축에 핵심 역할을 했고, 발레리나와 결혼해 블룸즈버리 그룹의 일원으로 문화예술 활동에도 참여했습니다. 1946년 62세로 세상을 떠났지만, '버블을 알아도 타이밍을 모르면 망한다.'는 교훈은 모든 투자자의 경고가 되었습니다.

존 메이너드 케인스의 인사이트

버블을 알아도 타이밍을 모르면 망한다.
Knowing it's a bubble won't save you from the pop.

레버리지는 시간 제한을 만든다.
With leverage, you can't wait forever.

오늘의 질문

오늘 나는 레버리지를 어떻게 '피했는가'?

빚으로 베팅하며 시간 압박을 받고 있지는 않은가?

부자는 시장보다 먼저 무너지지 않는다.
Markets can stay irrational longer.

시장은 당신이 버티는 시간보다 더 오래 비이성적으로 움직일 수 있습니다.

가격이 비싸다고 해서 당장 폭락하는 건 아닙니다.

절대 빌린 돈으로 거품에 반대로 베팅하지 마세요.

빚을 내서 투자하면 인내심에도 분명한 한계가 생깁니다.

비이성적인 시장은 빚을 쓴 똑똑한 투자자도 무너뜨릴 수 있습니다.

Markets can stay crazy longer than you survive.

Overpriced doesn't mean it crashes soon at all.

Never bet against bubbles with borrowed money.

Patience has limits when you borrow to invest.

Crazy markets kill smart traders using debt.

나심 니콜라스 탈레브 Nassim Nicholas Taleb

부자는 예측보다 복원력을 설계한다.
We can't predict,
but we can prepare.

뜻밖의 일(블랙 스완)은 예측할 수 없지만, 대비는 할 수 있습니다.
드물지만 강력한 사건은 순식간에 모든 걸 뒤흔듭니다.
미래를 추측하기보다, 견딜 수 있는 힘을 키우세요.
언제든 예상치 못한 일이 일어날 수 있음을 기억하세요.
충격은 피할 수 없지만, 강한 준비는 당신을 지켜줍니다.

You can't predict surprises (black swans), but can prepare for them.
Rare big events change everything fast.
Build strength, not guesses about the future.
Be ready for surprises all the time.
Bad shocks will come so stay strong.

부자들은 예측 불가능한 사건에 대비합니다. 나심 탈레브는 2007년 월스트리트에서 일할 때 모두가 비웃는 투자를 했습니다. 극단적 금융위기에 베팅하는 옵션을 샀습니다. 99% 확률로 돈을 잃는 베팅이었습니다. 동료들은 '돈 낭비'라고 했고, 탈레브는 역시 1년간 매달 조금씩 잃었습니다. 하지만 그는 계속 옵션을 샀습니다.

2008년 9월 리먼브라더스가 파산하고 블랙스완이 왔습니다. 시장은 폭락했고, 대부분의 헤지펀드는 40~60% 손실을 봤습니다. 탈레브의 펀드는 어떻게 되었을까요? 65% 수익을 냈습니다. 그가 산 옵션이 10,000% 수익을 냈기 때문입니다.

부자는 블랙스완을 예측하지 않습니다. 하지만 준비합니다. 자산의 5%를 극단적 위기 대비용으로 씁니다. 99번 잃어도, 1번이 모든 것을 만회하고도 남습니다. 빚과 레버리지 대신 현금 여유분으로 해두어야 진짜 위기가 와도 끝까지 버틸 수 있다는 점입니다.

나심 니콜라스 탈레브 Nassim Nicholas Taleb

1960년 레바논 출생으로 내전 중에 성장했습니다. 파리대학에서 MBA를, 파리 도핀대학에서 금융공학 박사를 받았습니다. 1980년대 투자은행과 헤지펀드에서 옵션 트레이더로 일하며 극단적 사건의 영향을 연구했습니다. 1987년 블랙먼데이 때 풋옵션으로 큰 수익을 냈고, 이것이 블랙스완 이론의 시작이 되었습니다. 2001년《행운에 속지 마라》를 출간해 예측 불가능성을 다뤘고, 2007년《블랙스완》으로 세계적 명성을 얻었습니다. 2008년 금융위기를 정확히 예측하지는 못했지만, '예측할 수 없어도 준비할 수 있다.'는 철학으로 극단적 사건에 대비한 포트폴리오를 구축해 위기 속에서 수익을 냈습니다.

그는 자산의 대부분을 안전자산에 두고 작은 부분으로 극단적 상황에 베팅하는 바벨 전략을 제시했습니다. 2012년《안티프래질》로 불확실성 속에서 오히려 강해지는 시스템을 연구했고, 뉴욕대 리스크공학 교수로 재직했습니다. 60대 중반인 지금도 저술과 강연을 통해 "블랙스완은 예측할 수 없지만 대비는 할 수 있다."는 메시지를 전하고 있습니다.

나심 니콜라스 탈레브의 인사이트

예측할 수 없어도 준비할 수 있다.
No one can predict the future but you can be ready.

자산의 5%를 극단적 위기 대비용으로 써라.
Put 5% aside for worst-case scenarios.

오늘의 질문

오늘 나는 최악의 시나리오에 어떻게 '대비'했는가?

예측만 하고 준비는 소홀히 하고 있지는 않은가?

나심 니콜라스 탈레브 **Nassim Nicholas Taleb**

부자는 예측보다 복원력을 설계한다.
We can't predict,
but we can prepare.

뜻밖의 일(블랙 스완)은 예측할 수 없지만, 대비는 할 수 있습니다.

드물지만 강력한 사건은 순식간에 모든 걸 뒤흔듭니다.

미래를 추측하기보다, 견딜 수 있는 힘을 키우세요.

언제든 예상치 못한 일이 일어날 수 있음을 기억하세요.

충격은 피할 수 없지만, 강한 준비는 당신을 지켜줍니다.

You can't predict surprises (black swans),

but can prepare for them.

Rare big events change everything fast.

Build strength, not guesses about the future.

Be ready for surprises all the time.

Bad shocks will come so stay strong.

부자는 빚 앞에서 절대 무지하지 않다.
Ignorance + Leverage
= Disaster

무지에 빚이 더해지면, 그 끝은 항상 재앙입니다.
제대로 알지 못하는 일에 절대 빌린 돈을 쓰지 마세요.
빚은 당신의 실수를 훨씬 더 크게, 더 치명적으로 만듭니다.
먼저 제대로 배우고, 레버리지는 그다음에 쓰세요.
빌린 돈은 작은 실수도 큰 손실로 바꿔놓습니다.

Ignorance plus leverage equals disaster always.
Never borrow money for things you don't understand.
Debt makes your mistakes much bigger and worse.
Learn first, use leverage later only.
Borrowed money turns small errors into big losses.

부자들은 무지와 레버리지를 절대 섞지 않습니다. 폴 튜더 존스는 1987년 블랙먼데이를 예측해 큰돈을 벌었습니다. 하지만 그는 항상 "내가 이해하지 못하는 것에는 레버리지를 절대 쓰지 않는다."며 경고합니다. 2008년 금융위기 때 많은 사람들이 '부동산은 절대 안 떨어진다.'고 믿었습니다. 이해하지 못했지만 빌린 돈으로 집을 샀습니다. 집값이 떨어지기 시작했습니다. 빚은 그대로인데 자산 가치는 반토막이 났습니다. 은행이 담보 추가를 요구했습니다. 돈이 없었습니다. 집을 압류당했습니다. 존스는 말합니다.
"무지 + 레버리지 = 재앙."
부자는 이해할 때까지 공부합니다. 완벽히 이해한 후에만 투자합니다. 그리고 처음에는 레버리지 없이 시작합니다. 성공하면 그때 조금씩 레버리지를 씁니다. 순서를 바꾸면 파산합니다.

폴 튜더 존스 Paul Tudor Jones

1954년 테네시 멤피스 출생으로 버지니아대에서 경제학을 전공했고, 1976년 뉴욕 면화거래소에서 트레이더로 경력을 시작해 1980년 26세에 튜더 인베스트먼트 코퍼레이션을 설립했습니다. 글로벌 매크로 전략으로 통화·원자재·주식 선물을 거래하며 두각을 나타냈고, 1987년 블랙먼데이 직전에 시장 붕괴를 예상해 숏 포지션으로 그해 투자자 수익률이 약 200%에 이르면서 '블랙먼데이를 맞힌 전설적 트레이더'로 자리 잡았습니다.

그는 레버리지와 손실 관리에 매우 보수적인 철학을 갖고 장기간 두 자릿수에 가까운 연평균 수익을 올린 운용사로 평가되며, 1988년 설립한 로빈후드 재단을 통해 뉴욕 빈곤퇴치와 교육·환경 영역에 수십억 달러 규모의 자금을 모아 배분하는 자선 활동으로도 알려져 있습니다.

폴 튜더 존스의 인사이트

모르면서 빌리지 마라.
Don't borrow for what you don't get.

무지 + 레버리지 = 재앙
Don't mix debt with ignorance.

오늘의 질문

오늘 나는 빚을 어떻게 '피했는가'?

_____

이해하지 못한 채 빚으로 투자하고 있지는 않은가?

_____

부자는 빚 앞에서 절대 무지하지 않다.
Ignorance + Leverage
= Disaster

무지에 빚이 더해지면, 그 끝은 항상 재앙입니다.

제대로 알지 못하는 일에 절대 빌린 돈을 쓰지 마세요.

빚은 당신의 실수를 훨씬 더 크게, 더 치명적으로 만듭니다.

먼저 제대로 배우고, 레버리지는 그다음에 쓰세요.

빌린 돈은 작은 실수도 큰 손실로 바꿔놓습니다.

Ignorance plus leverage equals disaster always.

Never borrow money for things you don't understand.

Debt makes your mistakes much bigger and worse.

Learn first, use leverage later only.

Borrowed money turns small errors into big losses.

스탠리 드러켄밀러 **Stanley Druckenmiller**

부자는 사치를 위해 본질을 걸지 않는다.
Never risk what you have for what you don't need.

당신에게 꼭 필요한 것을, 굳이 필요하지 않은 걸 위해 절대 걸지 마세요.
필수적인 것을 사치와 바꾸는 도박은 하지 말아야 합니다.
가장 먼저 해야 할 일은, 지금 가진 걸 지키는 일입니다.
시장보다 더 많은 부를 무너뜨리는 건 언제나 '욕심'입니다.
정말 중요한 건 지키고, 중요하지 않은 건 과감히 넘기세요.

Never risk what you have for what you don't need.
Don't gamble necessities for luxuries ever.
Protect what you have first always.
Greed destroys more wealth than markets do.
Keep what matters and skip what doesn't.

부자들은 필수품을 결코 걸지 않습니다. 스탠리 드러켄밀러는 30년간 연평균 30% 수익을 냈지만, '생활비는 절대 투자하지 않는다.'는 원칙은 절대 어기지 않았습니다. 한 번은 젊은 트레이더가 "확률이 90%인데 왜 전 재산을 안 거나요?" 하고 물었습니다. 드러켄밀러는 답했습니다.

"10% 확률로 당신은 길거리에 나앉기 때문이다."

2010년 한 투자자는 비트코인이 오를 것을 확신했습니다. 확신은 맞았지만 그는 집을 담보로 대출받아 투자한 상황이었습니다. 비트코인은 올랐지만 2018년 폭락했고 그는 손절할 수 없었습니다. 그 돈은 생활비였기 때문입니다. 결국 그는 집을 잃었습니다.

부자는 욕심을 통제합니다. '이 투자가 실패하면 내 삶이 망하는가?'라는 질문에 답이 '그렇다.'라면 절대 하지 않습니다. 사치를 위해 필수품을 걸지 마세요. 여유 자금으로만 투자하세요.

스탠리 드러켄밀러 Stanley Druckenmiller

1953년 펜실베이니아 피츠버그 출생으로 보든칼리지에서 경제학을 전공한 뒤 피츠버그 내셔널 뱅크 애널리스트로 일하다 1981년 듀케인 캐피털을 설립했습니다. 1988년 조지 소로스의 퀀텀펀드 수석 매니저로 영입되어 1992년 파운드화 공매도, 이른바 '영란은행 공격'의 핵심 설계자로 하루 10억 달러 수익을 올린 거래의 주역이 되었고, 듀케인에서는 약 30년간 연평균 30% 안팎의 수익률을 올리면서 사실상 손실 연도 없이 운용한 전설적 매니저로 평가됩니다.

2000년 닷컴 버블 말기에 기술주를 과도하게 늘렸다가 크게 손실을 본 일을 '최악의 실수'라고 부르며, 이후에는 진짜 확신이 있을 때만 집중 베팅하고 생활비·필수 자금을 위험에 노출시키지 말라는 메시지를 강조해왔고, 2010년 외부 자금을 모두 반환한 뒤에는 가족 자산만 운용하며 'Harlem Children's Zone' 등 교육·의료·빈곤 관련 단체에 수억 달러 규모를 기부하는 자선가로도 알려져 있습니다

스탠리 드러켄밀러의 인사이트

필요한 것을 걸고 필요 없는 것을 얻으려 하지 마라.
Never trade needs for wants.

생활비를 투자하는 것은 자살행위다.
Never invest your rent money.

오늘의 질문

오늘 나는 필요한 것을 '지켰는가'?

_____

욕심이 지나쳐 필수품까지 걸고 있지는 않은가?

_____

부자는 사치를 위해 본질을 걸지 않는다. Never risk what you have for what you don't need.

당신에게 꼭 필요한 것을, 굳이 필요하지 않은 걸 위해 절대 걸지 마세요.

필수적인 것을 사치와 바꾸는 도박은 하지 말아야 합니다.

가장 먼저 해야 할 일은, 지금 가진 걸 지키는 일입니다.

시장보다 더 많은 부를 무너뜨리는 건 언제나 '욕심'입니다.

정말 중요한 건 지키고, 중요하지 않은 건 과감히 넘기세요.

Never risk what you have for what you don't need.

Don't gamble necessities for luxuries ever.

Protect what you have first always.

Greed destroys more wealth than markets do.

Keep what matters and skip what doesn't.

부자는 빨리 결정하지 않는다.
Don't act quickly without thought.

충분히 생각하지 않고 성급하게 움직이면 반드시 후회하게 됩니다.
투자에서 성급한 결정은 대부분 큰 손실로 이어집니다.
행동하기 전에 시간을 들여 꼼꼼히 분석하세요.
투자에서는 느리더라도 꾸준한 접근이 결국 이깁니다.
서두르면 돈을 잃고, 인내는 돈을 만들어줍니다.

Don't act quickly without thinking deeply first.
Fast decisions in investing usually lose money badly.
Take time to analyze before you act.
Slow and steady wins in investing always.
Rush kills money and patience builds it.

부자들은 성급한 결정이 돈을 잃게 만든다는 것을 압니다. 켄 피셔는 수십 년간 고객 자금을 운용하며, 뉴스에서 '폭락'을 보자마자 파는 사람, 친구 말 한마디에 즉시 사는 사람처럼 감정에 휘둘려 빠르게 행동한 투자자일수록 장기 성과가 나쁘다는 패턴을 수없이 목격했다고 말합니다. 그래서 그는 중요한 투자 결정을 내릴 때 최소 하루 이상 시간을 두고, "지금 느끼는 공포나 흥분이 잦아들었을 때도 이 결정을 지지할 것인가?"를 스스로에게 물어보라고 권합니다. 감정이 가라앉으면 '굳이 팔 필요는 없었네'라는 생각으로 바뀌는 경우가 많고, 실제로 그는 시장 타이밍을 하려는 시도 대신 장기 계획을 유지하고, 뉴스나 변동성에 즉각 반응하지 않는 것이 더 높은 수익으로 이어진다고 강조합니다.
부자는 즉시 반응하지 않습니다. 뉴스를 보고 최소 하루는 기다립니다. 감정이 아니라 데이터로 결정합니다. 투자는 경주가 아니라 마라톤입니다. 빠른 결정은 대부분 나쁜 결정입니다. 천천히 생각하세요.

켄 피셔 Ken Fisher

1950년 샌프란시스코 인근에서 태어나 투자 고전 《위대한 기업에 투자하라》의 저자 필립 피셔의 아들로 자랐고, 험볼트주립대에서 경제학을 전공한 뒤 1979년 'Fisher Investments'를 설립했습니다. 1984년부터 2016년 말까지 약 32년 반 동안 〈Forbes〉의 'Portfolio Strategy' 칼럼을 연재해 잡지 역사상 가장 오래 연속 연재한 칼럼니스트가 되었고, 10권이 넘는 투자서를 집필했습니다.

'Fisher Investments'는 현재 수천억 달러 규모의 자산을 운용하는 독립 자산운용사로 성장했으며, 그는 "감정과 뉴스에 즉흥적으로 반응해 사고파는 것이 장기 성과를 망친다."며, 시장 타이밍을 시도하기보다 계획에 따라 느리게, 냉정하게 의사결정하라는 메시지를 강조합니다.

켄 피셔의 인사이트

빠른 결정은 보통 나쁜 결정이다.
Fast decisions often fail.

48시간 기다리면 80%가 결정을 바꾼다.
Give it 2 days. 8 out of 10 will think differently.

오늘의 질문

오늘 나는 결정 전에 얼마나 '생각'했는가?

뉴스와 감정에 즉시 반응하며 실수하고 있지는 않은가?

부자는 빨리 결정하지 않는다.
Don't act quickly without thought.

충분히 생각하지 않고 성급하게 움직이면 반드시 후회하게 됩니다.

투자에서 성급한 결정은 대부분 큰 손실로 이어집니다.

행동하기 전에 시간을 들여 꼼꼼히 분석하세요.

투자에서는 느리더라도 꾸준한 접근이 결국 이깁니다.

서두르면 돈을 잃고, 인내는 돈을 만들어줍니다.

Don't act quickly without thinking deeply first.

Fast decisions in investing usually lose money badly.

Take time to analyze before you act.

Slow and steady wins in investing always.

Rush kills money and patience builds it.

부자는 언제나 살 준비가 되어 있다.
Always keep some cash.

언제든 기회에 바로 대응할 수 있도록 현금을 항상 조금은 손에 쥐고 계세요.
현금은 좋은 기회가 왔을 때 선택할 수 있는 힘이 됩니다.
항상 자산을 전부 투자한 상태로 두지 마세요.
현금은 시장이 무너질 때 당신을 지켜주는 안전망이 됩니다.
'마른 화약'이 있어야, 남들이 패닉에 빠졌을 때 당신은 살 수 있습니다.

Always keep some cash on hand ready.
Cash gives you options when opportunities come.
Don't be fully invested all the time.
Cash saves you in crises and crashes.
Dry powder lets you buy when others panic.

부자들은 항상 건조한 화약을 남겨둡니다. 짐 로저스는 "진짜 싸지는 날은 인생에 몇 번 없
다. 그때 현금이 없으면 아무것도 못 한다."고 말하며, 폭락장에 대비해 현금과 안전자산을
따로 떼어두라고 강조해왔습니다. 2008년 같은 위기가 오면 대부분은 공포에 팔기 바쁘지
만, 미리 준비한 현금을 가진 소수만 우량 자산을 '세일가'에 담을 수 있고, 그 자산들은 몇
년 뒤 두세 배로 회복되며 격차를 벌립니다. 결국 위기에서 기회를 잡는 힘은 특별한 용기
가 아니라, 평소에 만들어둔 현금 여유라는 메시지입니다.
부자는 알고 있습니다. 최고의 투자 기회는 위기 때 온다는 것을. 하지만 위기 때는 모두 현
금이 없습니다. 당신만 현금이 있으면? 시장을 지배할 수 있습니다. 항상 20~30% 현금을
남기세요.

짐 로저스 Jim Rogers

1942년 볼티모어에서 태어나 앨라배마에서 자랐고, 예일대에서 역사학을, 옥스퍼드 베일리얼 칼리지에서 PPE를 공부한 뒤 월스트리트에서 일하다가 1973년 조지 소로스와 함께 퀀텀펀드를 공동 설립해 10년간 약 4,200% 수익을 올리며 전설적인 실적을 남겼습니다. 1980년대 은퇴 후에는 모터사이클과 맞춤 제작 메르세데스로 두 차례 세계 일주를 하며 기네스북에 올랐고, 1998년 로저스 원자재 인덱스를 만들며 2000년대 원자재 강세장을 선도했습니다.

중국과 신흥시장에 낙관적인 그는 딸들에게 중국어를 가르치기 위해 2007년 싱가포르로 이주했으며, 지금도 "진짜 위기는 자산이 반값세일가로 나오는 시기이고, 그때를 위해 평소에 현금과 유동성을 남겨 두라."는 메시지를 반복하고 있습니다.

짐 로저스의 인사이트

100% 투자하지 말고, 현금을 남겨라.
Never go all in. Always hold cash.

위기는 최고의 기회다. 현금이 있어야 잡는다.
Cash is king when chaos hits.

오늘의 질문

오늘 나는 현금을 얼마나 '남겼는가'?

한곳에 100% 투자하며 다른 기회를 놓칠 준비를 하고 있지는 않은가?

부자는 언제나 살 준비가 되어 있다.
Always keep some cash.

언제든 기회에 바로 대응할 수 있도록 현금을 항상 조금은 손에 쥐고 계세요.

현금은 좋은 기회가 왔을 때 선택할 수 있는 힘이 됩니다.

항상 자산을 전부 투자한 상태로 두지 마세요.

현금은 시장이 무너질 때 당신을 지켜주는 안전망이 됩니다.

'마른 화약'이 있어야, 남들이 패닉에 빠졌을 때 당신은 살 수 있습니다.

Always keep some cash on hand ready.

Cash gives you options when opportunities come.

Don't be fully invested all the time.

Cash saves you in crises and crashes.

Dry powder lets you buy when others panic.

부자는 지루함으로 돈을 번다.
If investing is fun,
you're not making money.

투자가 재밌게 느껴진다면, 아마도 돈을 잃고 있는 중일 겁니다.
좋은 투자는 늘 지루하고 느리게 흘러갑니다.
흥분과 수익은 거의 함께 오지 않습니다.
지루한 전략이 이기고, 짜릿한 전략은 결국 집니다.
스릴은 돈을 잃게 하고, 지루함은 돈을 벌게 합니다.

If investing feels fun, you're probably losing money.
Good investing is boring and slow always.
Excitement and profits rarely come together ever.
Boring strategies win, exciting ones lose.
Thrills cost money and boredom makes money.

부자들은 투자가 재미있어지면 뭔가 잘못됐다고 봅니다. 윌리엄 번스타인은 "스릴을 느끼고 싶다면 카지노로 가라, 제대로 된 포트폴리오는 지루해야 한다."라고 말합니다. 흥분을 좇는 사람들은 매일 뉴스에 반응해 테마주를 사고팔며 수수료와 세금만 키우고, 결국 시장 수익률을 크게 밑도는 경우가 많습니다. 반대로 지루함을 견디는 투자자는 저비용 인덱스에 묵묵히 투자하고 거의 건드리지 않으면서, 시간과 복리가 일을 하게 둡니다.
번스타인의 결론은 하나입니다. 투자를 엔터테인먼트가 아닌 목표 달성 도구로 볼 때, 지루함을 감수하는 것이 높은 장기 수익의 대가라는 것입니다.

윌리엄 번스타인 William Bernstein

1948년생으로 오레곤에서 신경과 전문의로 일하다 1990년대 은퇴를 준비하며 본격적으로 현대 포트폴리오 이론을 파고들었고, 1996년 웹사이트 'Efficient Frontier'를 만들어 자산 배분, 리밸런싱, 인덱스 투자에 관한 글을 올리며 투자 커뮤니티에서 큰 반향을 일으켰습니다. 2000년 저서 《현명한 자산배분 투자자》와 《투자의 네기둥》에서 분산투자와 저비용 인덱스 중심의 장기 전략을 일반 투자자에게 체계적으로 소개했고, "좋은 포트폴리오는 지루해야 한다. 투자를 재밌게 만들수록 도박에 가까워지고 장기 수익률은 떨어진다."라는 메시지로 유명해졌습니다. 지금도 오레곤에서 투자 교육과 저술을 이어가며, 뉴스와 단기 변동이 아니라 지루함, 규율, 분산을 견디는 능력이야말로 부의 핵심 대가라는 점을 강조하고 있습니다.

윌리엄 번스타인의 인사이트

투자가 재밌으면 뭔가 잘못하고 있는 거다.
Real investing is boring.

지루한 투자가 이기고, 재밌는 투자는 진다.
In investing, boring beats exciting.

오늘의 질문

오늘 나는 얼마나 '지루하게' 투자했는가?

투자를 엔터테인먼트로 즐기며 돈을 잃고 있지는 않은가?

부자는 지루함으로 돈을 번다.
If investing is fun,
you're not making money.

투자가 재밌게 느껴진다면, 아마도 돈을 잃고 있는 중일 겁니다.

좋은 투자는 늘 지루하고 느리게 흘러갑니다.

흥분과 수익은 거의 함께 오지 않습니다.

지루한 전략이 이기고, 짜릿한 전략은 결국 집니다.

스릴은 돈을 잃게 하고, 지루함은 돈을 벌게 합니다.

If investing feels fun, you're probably losing money.

Good investing is boring and slow always.

Excitement and profits rarely come together ever.

Boring strategies win, exciting ones lose.

Thrills cost money and boredom makes money.

부자는 기술을 외면하지 않는다.
Future is about software.

이제 모든 산업의 미래는 소프트웨어에 달려 있습니다.
소프트웨어가 전 세계를 빠르게 재편하고 있습니다.
디지털 전환은 더 이상 선택이 아니라 필수입니다.
기술에 투자하지 않으면 결국 뒤처질 수밖에 없습니다.
낡은 방식은 사라지고, 새로운 기술이 승리합니다.

The future of every industry is software now.
Software is eating the whole world fast.
Digital change is not optional anymore at all.
Invest in technology or get left behind.
Old ways die and new tech wins.

메리 배라가 GM CEO 자리에 올랐을 때, GM은 말 그대로 '100년 된 철강 공장' 이미지에 갇힌 회사였습니다. 그녀가 회의실에서 내놓은 한 문장은 이 공룡을 뒤흔들었습니다. "앞으로의 차는 바퀴 달린 컴퓨터입니다. 우리는 철이 아니라 소프트웨어와 전기를 파는 회사가 되어야 합니다."

이 선언과 함께 GM은 2020~2025년 사이 전기차·자율주행 기술에만 350억 달러를 쏟아붓겠다고 공개적으로 약속합니다. 내연기관 중심의 제조업체였던 GM은 배터리, 소프트웨어, OTA 업데이트, 자율주행 알고리즘을 핵심 자산으로 삼는 모빌리티 회사로 몸을 바꾸기 시작했고, 시장은 그 변신에 가격표를 붙였습니다. 팬데믹 공포로 주가가 바닥을 찍었던 2020년 저점 이후 몇 년 동안 GM 주가는 두 배 넘게 뛰어오른 구간을 만들며, '철강 회사가 소프트웨어 회사로 갈아타면 얼마나 가치가 달라지는가?'를 몸으로 보여준 셈이 되었습니다.

메리 배라 Mary Barra

1961년 미시간주 워터퍼드에서 태어나, GM 공장에서 수십 년 일한 아버지 밑에서 자랐고 18세이던 1980년 GM에 인턴으로 입사해 공장 현장에서 경력을 시작했습니다. GMI(현 Kettering University)에서 전기공학 학위를, 이후 스탠퍼드에서 MBA를 받은 뒤 GM 내 여러 엔지니어, 관리직을 거쳐 2014년 만 52세에 CEO가 되어 미국 '빅3'와 글로벌 완성차 업계 최초의 여성 CEO가 되었습니다. 2017년 '제로 사고, 제로 배출, 제로 정체'를 GM의 북극성으로 제시하고 전기차·자율주행·소프트웨어에 대규모 투자를 선언했으며, 2035년까지 내연기관 승용·경량차 판매를 중단하고 전기차만 판매하겠다는 목표를 공식화했습니다.

취임 초기 점화스위치 결함 리콜 사태를 비교적 투명하게 처리하며 신뢰 회복에 나섰고, 두 자녀의 어머니이자 STEM 분야 여성 리더로서, '자동차는 점점 더 바퀴 달린 컴퓨터가 될 것.'이라는 비전 아래 전통 자동차 회사를 소프트웨어·전기 중심 모빌리티 기업으로 전환하는 데 주력하고 있습니다.

메리 배라의 인사이트

모든 산업이 소프트웨어 산업이 되고 있다.
Every business is now a software business.

기술에 투자하지 않으면 뒤처진다.
Adopt tech or fall behind.

오늘의 질문

오늘 나는 기술에 어떻게 '투자'했는가?

전통 산업에만 집착하며 미래를 놓치고 있지는 않은가?

부자는 기술을 외면하지 않는다.
Future is about software.

이제 모든 산업의 미래는 소프트웨어에 달려 있습니다.

소프트웨어가 전 세계를 빠르게 재편하고 있습니다.

디지털 전환은 더 이상 선택이 아니라 필수입니다.

기술에 투자하지 않으면 결국 뒤처질 수밖에 없습니다.

낡은 방식은 사라지고, 새로운 기술이 승리합니다.

The future of every industry is software now.

Software is eating the whole world fast.

Digital change is not optional anymore at all.

Invest in technology or get left behind.

Old ways die and new tech wins.

부자는 다시 일어서는 훈련이 되어 있다.
A champion is defined by recovery.

진짜 챔피언은 넘어졌을 때 어떻게 일어서는지로 결정됩니다.
인생에서는 누구나 지고, 누구나 한 번쯤은 넘어집니다.
중요한 건 얼마나 빨리 다시 일어서는가입니다.
재능보다 회복력이 더 큰 차이를 만듭니다.
완벽한 기록이 아니라, 다시 일어서는 용기가 챔피언을 만듭니다.

A champion is defined by how they recover.
Everyone loses and falls sometimes in life.
What matters is how fast you stand up.
Resilience wins over talent every single time.
Comebacks make champions, not perfect records.

부자들은 실패 후 회복 속도가 성공을 결정한다는 것을 압니다. 세레나 윌리엄스는 23번 그랜드슬램에서 이겼습니다. 하지만 80번 넘게 졌습니다. 부상도 수없이 당했습니다. 2011년 발목 부상으로 1년을 쉬었습니다. 모두가 "끝났다"고 했습니다. 세레나는 반년간 재활했습니다. 고통스러웠지만 포기하지 않았습니다. 복귀 후 다음 2년간 그랜드슬램 4회 우승을 했습니다. 투자도 마찬가지입니다. 손실을 볼 것입니다. 잘못된 선택을 할 것입니다. 중요한 것은 얼마나 빨리 회복하느냐입니다. 2020년 코로나로 손실을 본 투자자들이 있었습니다. 어떤 사람은 절망하며 시장을 떠났습니다.
어떤 사람은 분석하고 배우고 다시 투자했습니다. 몇 년 만에 계좌 성장률이 극명하게 갈렸습니다. 부자는 넘어지지 않는 사람이 아닙니다. 넘어진 후 빠르게 일어나는 사람입니다. 회복력이 성공을 만듭니다.

세레나 윌리엄스 Serena Williams

1981년 미시간주 새기노에서 태어나 캘리포니아 콤프턴의 거친 동네에서 자랐고, 테니스를 거의 몰랐던 아버지 리처드가 책과 비디오로 독학해 세레나와 언니 비너스를 코치했습니다. 14세에 프로로 전향해 1999년 17세에 US오픈에서 첫 그랜드슬램 단식 우승을 차지했고, 이후 단식 그랜드슬램 23회 우승과 통산 319주(186주 연속) 세계 1위를 기록하며 오픈 시대 최강의 선수 중 한 명으로 꼽힙니다. 2011년 폐색전증과 2017년 출산 후 심각한 합병증을 겪고도 복귀해 30대 후반까지 윔블던 결승에 오르는 회복력을 보여주었고, 코트 밖에서는 Serena Ventures로 여성·유색인종 창업가에게 투자하며 패션 브랜드 S by Serena를 운영하고, "은퇴가 아니라 진화."라는 말과 함께 가족과 사업에 집중하는 새로운 단계의 삶을 이어가고 있습니다.

세레나 윌리엄스의 인사이트

넘어지는 게 문제가 아니라, 일어나지 않는 게 문제다.
Everyone falls. Winners get back up.

회복력이 재능을 이긴다.
Bounce back 〉 Show off.

오늘의 질문

오늘 나는 어떻게 '회복'했는가?

실패 후 포기하며 회복할 기회를 스스로 버리고 있지는 않은가?

부자는 다시 일어서는 훈련이 되어 있다.
A champion is defined by recovery.

진짜 챔피언은 넘어졌을 때 어떻게 일어서는지로 결정됩니다.

인생에서는 누구나 지고, 누구나 한 번쯤은 넘어집니다.

중요한 건 얼마나 빨리 다시 일어서는가입니다.

재능보다 회복력이 더 큰 차이를 만듭니다.

완벽한 기록이 아니라, 다시 일어서는 용기가 챔피언을 만듭니다.

A champion is defined by how they recover.

Everyone loses and falls sometimes in life.

What matters is how fast you stand up.

Resilience wins over talent every single time.

Comebacks make champions, not perfect records.

Lesson 4

증식

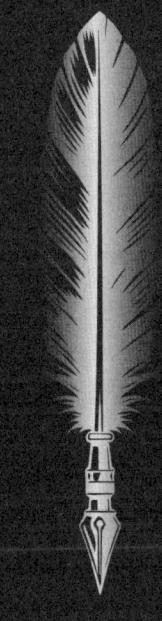

✦✦✦　　　✦✦✦

복리의 힘으로
돈이 돈을 벌게 하라

앤드류 카네기 Andrew Carnegie

부자는 미루지 않고 바로 씨앗을 심는다.
Someone planted a tree long ago.

나무를 심기에 가장 좋은 때는 20년 전이었습니다.
두 번째로 좋은 때는 바로 오늘, 지금 이 순간입니다.
오늘 투자하는 모든 돈은 하나의 씨앗입니다.
더 이상 기다리지 말고, 지금 바로 심으세요.
내일의 그늘은 오늘 심은 씨앗에서 자라납니다.

The best time to plant trees was twenty years ago.
The second best time is right now today.
Every dollar you invest today is a seed.
Stop waiting and start planting now.
Future shade comes from today's seeds planted.

앤드루 카네기는 시간을 동업자로 쓴 사람이었습니다. 13세에 미국으로 온 가난한 소년이 주급 1.20달러를 받다가, 어머니가 집을 담보로 마련해준 500달러로 철도 관련 주식 10주를 사면서 처음 '아무 일도 안 해도 들어오는 배당'을 경험합니다. 그 작은 투자를 자본의 씨앗으로 삼아 수십 년간 배당과 이익을 다시 굴린 끝에, 철강 회사를 매각하던 1901년에는 세계에서 가장 부유한 사람 중 한 명이 되어 있었습니다.

부자들은 그래서 묻습니다. "언제 시작할까?"가 아니라 "오늘 심은 이 씨앗을 얼마나 오래 자라게 둘 수 있을까?"라고요. 20년 전에 심지 못한 나무를 후회하지 마세요. 오늘 심으세요. 20년 전이 최고였다면, 두 번째로 좋은 때는 바로 지금입니다.

앤드류 카네기 Andrew Carnegie

1835년 스코틀랜드 던펌린에서 태어나 13세에 미국 펜실베이니아로 이민 와, 피츠버그 면직 공장에서 주당 1달러 20센트를 받던 보빈 보이로 출발했습니다. 전신 회사와 펜실베이니아 철도회사로 옮기며 소득 일부를 저축했고, 1855년 어머니가 집을 담보로 마련해준 500달러로 애덤스 익스프레스 주식 10주를 사면서 처음 배당·복리의 힘을 경험했습니다.

이후 철도·교량·철강에 투자해 1870년대 카네기 스틸을 세웠고, 1901년 이를 J.P.모건 측에 약 4억 8천만 달러에 매각하며 세계 최고 수준의 부자로 올라섰습니다. 남은 생애 약 18년 동안 재산의 90% 이상인 3억 5천만 달러를 교육, 문화, 평화에 기부해 2,509개의 공공 도서관을 세웠고, '부자로 죽는 것은 불명예다.'라는 신념을 남긴 대표적 자선가입니다.

앤드류 카네기의 인사이트

오늘 심은 씨앗이 20년 후 그늘이 된다.
What you plant today protects you tomorrow.

가장 좋은 투자 시기는 지금이다.
Missed the perfect time? Start now.

오늘의 질문

오늘 나는 어떤 '씨앗'을 심었는가?

'언젠가'를 기다리며 투자 기회를 놓치고 있지는 않은가?

부자는 미루지 않고 바로 씨앗을 심는다.
Someone planted a tree long ago.

나무를 심기에 가장 좋은 때는 20년 전이었습니다.

두 번째로 좋은 때는 바로 오늘, 지금 이 순간입니다.

오늘 투자하는 모든 돈은 하나의 씨앗입니다.

더 이상 기다리지 말고, 지금 바로 심으세요.

내일의 그늘은 오늘 심은 씨앗에서 자라납니다.

The best time to plant trees was twenty years ago.

The second best time is right now today.

Every dollar you invest today is a seed.

Stop waiting and start planting now.

Future shade comes from today's seeds planted.

부자는 복리를 건드리지 않는다.
Never interrupt compounding.

복리의 첫 번째 원칙은 절대 멈추지 않는 것입니다.
돈을 인출할 때마다 복리의 마법은 깨집니다.
오래 둘수록 자산은 더 크게 성장합니다.
그냥 두고 키우면, 평생 당신의 삶을 책임집니다.
시간은, 건드리지 않을 때 돈을 불려줍니다.

The first rule of compounding is never interrupt it.
Every time you take money out you break the magic.
The longer you leave it the bigger it grows.
Let it grow and it feeds you forever.
Time makes money multiply if you don't touch it.

부자들은 복리 엔진을 쉽게 끊지 않습니다. 존 D. 록펠러도 10대 후반, 작은 월급을 받던 시절부터 이 원칙을 몸에 새겼습니다. 친구들이 월급날마다 새 옷을 사고 술을 마실 때, 그는 같은 돈을 '지금의 기분'이 아니라 '미래의 이자'로 바라봤습니다. 록펠러는 월급의 상당 부분을 소비 대신 저축과 투자에 돌리고, 남은 소액만 생활비로 쓰는 방식을 습관처럼 반복했습니다. 그에게 중요한 것은 '얼마나 많이 버느냐?'가 아니라 '얼마나 오래 굴리느냐?'였습니다. 한 번 투자한 원금은 가능한 한 건드리지 않고, 이자와 배당이 생기면 다시 굴리는 쪽을 선택했습니다.

오늘날 투자 세계에서는 찰리 멍거의 말처럼 "복리의 첫 번째 규칙은, 불필요하게 그것을 중단하지 않는 것."으로 요약됩니다. 중간에 자꾸 빼 쓰면, 복리는 매번 다시 출발선으로 돌아갑니다. 그래서 부자들은 급한 일이 생겨도 장기투자 자금을 함부로 건드리지 않도록, 애초에 비상 자금을 따로 마련해 둡니다. 복리는 수학이 아니라 태도입니다. 한 번 넣은 돈을 얼마나 오래, 얼마나 일관되게 지켜 주는지가 결국 부의 크기를 갈라놓습니다.

존 D. 록펠러 John D. Rockefeller

1839년 뉴욕주에서 태어나, 사기성 행상으로 악명 높던 아버지와 독실한 기독교 신자인 어머니 사이에서 자랐습니다. 16세에 클리블랜드의 상사에서 회계 보조로 첫 직장을 잡아 소액의 월급을 받았고, 어머니의 가르침대로 수입 일부를 교회와 자선에 바치며 나머지를 부지런히 저축했습니다. 19세에 동업자와 함께 곡물 중개 회사를 시작해 벌어들인 이익의 상당 부분을 다시 사업에 재투자했습니다. 1870년 스탠더드 오일을 설립한 뒤, 번 돈을 빼 쓰기보다 계속 기업 확장과 인수에 투입하며 장기적인 성장과 복리 효과를 추구했습니다.

1880년대에는 미국 정유 시장의 약 90%를 장악했고, 인플레이션을 감안하면 대략 3,000억~4,000억 달러에 해당하는 자산으로 역사상 가장 부유한 인물 가운데 한 사람으로 평가됩니다. 생애 후반 수십 년 동안 약 5억 4천만 달러를 교육·의학·공중보건에 기부하며 시카고대학과 록펠러대학, 록펠러 재단 설립을 후원했습니다. 1937년 97세로 세상을 떠난 뒤에도 그의 자손들은 여러 세대에 걸쳐 록펠러 재단 등을 통해 자선 활동을 이어가고 있습니다.

존 D. 록펠러의 인사이트

복리를 중단하는 순간, 부자가 되는 길도 중단된다.
Stop compounding, and you stop building wealth.

투자금을 건드리지 않는 것이 부자의 첫 번째 규칙이다.
Don't touch your investment principal.

오늘의 질문

오늘 나는 복리를 어떻게 '유지'했는가?

급한 일이 생길 때마다 투자금을 빼내며 복리를 깨뜨리고 있지는 않은가?

부자는 복리를 건드리지 않는다.
Never interrupt compounding.

복리의 첫 번째 원칙은 절대 멈추지 않는 것입니다.

돈을 인출할 때마다 복리의 마법은 깨집니다.

오래 둘수록 자산은 더 크게 성장합니다.

그냥 두고 키우면, 평생 당신의 삶을 책임집니다.

시간은, 건드리지 않을 때 돈을 불려줍니다.

The first rule of compounding is never interrupt it.

Every time you take money out you break the magic.

The longer you leave it the bigger it grows.

Let it grow and it feeds you forever.

Time makes money multiply if you don't touch it.

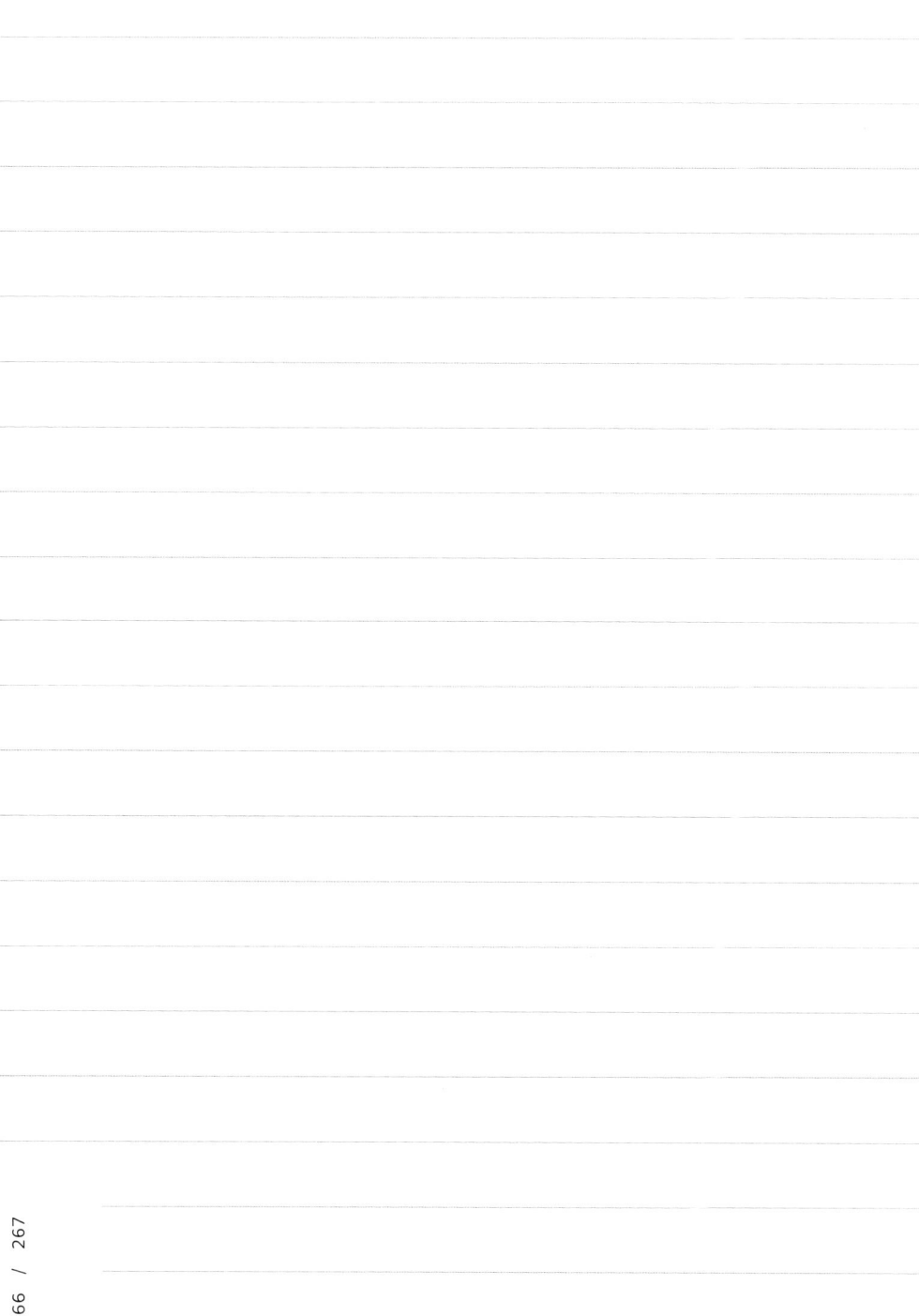

　　　　　　　존 야콥 애스터 John Jacob Astor

부자는 자산이 월급처럼 일하게 만든다.
Dividends make you truly rich.

진짜 부유함이란 단순한 저축이 아니라, 돈을 벌어들이는 것입니다.
배당금은 언제나 나에게 가장 큰 기쁨을 줍니다.
일하지 않아도 돈이 들어올 때, 진정한 자유가 시작됩니다.
단순히 현금을 쌓기보다, 꾸준한 소득 흐름을 만들어야 합니다.
당신을 위해 일하는 돈이, 그냥 가만히 있는 돈보다 훨씬 강력합니다.

Wealth means earning money, not just saving it.
Dividends bring me the greatest joy always.
When money comes without work you're truly free.
Build income streams, not just cash piles.
Money that works for you beats money sitting still.

부자들은 숫자보다 흐름을 만듭니다. 존 야콥 애스터는 모피 무역으로 시작했지만 진짜 승부는 뉴욕 맨해튼의 땅에서 걸었습니다. 남들이 변두리라 외면하던 곳에서 그는 미래의 임대료를 보았고, 토지를 사 모아 건물을 짓거나 빌려주며 현금 흐름을 만들었습니다. 시간이 지나자 월급처럼 임대료가 들어왔습니다. 그는 이를 다시 투자해 자산이 스스로 돈을 벌게 했습니다.
사람들은 그의 재산 규모를 궁금해했지만, 그가 키운 것은 잔고가 아니라 계속 흘러드는 현금 구조였습니다. 부자는 통장 숫자보다 '잠자는 동안에도 들어올 소득이 있느냐'를 묻습니다. 자산을 쌓았다면, 이제는 그 자산이 만들어내는 소득 구조를 설계해야 합니다. 배당주, 임대 부동산, 채권, 사업. 소득을 만드세요.

존 야콥 애스터 John Jacob Astor

1763년 독일에서 태어나 청년기에 런던으로 건너가 형의 악기 제작판매 일을 도우며 상업을 배웠고, 1780년대 초 미국으로 이주한 뒤 뉴욕에서 모피 무역을 시작해 유럽과 중국을 잇는 교역으로 큰 부를 쌓았습니다. 이후 그는 맨해튼을 비롯한 뉴욕의 성장 가능성을 보고 토지와 건물을 장기 보유·임대하는 방식으로 부동산 투자를 확대했으며, 1848년 사망 시 미국 최초의 백만장자로 불릴 만큼 거대한 재산을 남기고, 유언으로 마련된 애스터 도서관을 통해 뉴욕 공공도서관의 중요한 뿌리 가운데 하나를 형성했습니다.

존 야콥 애스터의 인사이트

자산을 모으지 말고, 매달 돈이 들어오는 구조를 만들어라.
Stop stacking assets. Start creating cash flow.

부는 통장 잔고가 아니라 현금 흐름이다.
True wealth is cash flow, not your account balance.

오늘의 질문

오늘 나는 어떤 '소득 흐름'을 만들었는가?

___

통장 잔고만 늘리며 진짜 부의 구조를 놓치고 있지는 않은가?

___

부자는 자산이 월급처럼 일하게 만든다.
Dividends make you truly rich.

진짜 부유함이란 단순한 저축이 아니라, 돈을 벌어들이는 것입니다.

배당금은 언제나 나에게 가장 큰 기쁨을 줍니다.

일하지 않아도 돈이 들어올 때, 진정한 자유가 시작됩니다.

단순히 현금을 쌓기보다, 꾸준한 소득 흐름을 만들어야 합니다.

당신을 위해 일하는 돈이, 그냥 가만히 있는 돈보다 훨씬 강력합니다.

Wealth means earning money, not just saving it.

Dividends bring me the greatest joy always.

When money comes without work you're truly free.

Build income streams, not just cash piles.

Money that works for you beats money sitting still.

부자는 수수료도 복리처럼 관리한다.
High fees destroy compound wealth.

높은 수수료는 복리의 위력을 무력화시킵니다.
수수료는 단순히 수익을 깎는 것이 아니라, 당신의 부를 잠식합니다.
언제나 저비용 인덱스 펀드를 선택하세요.
수수료로 아낀 돈은 시간이 지날수록 크게 불어납니다.
지금은 작은 비용처럼 보여도, 장기적으로는 막대한 손실이 될 수 있습니다.

High fees kill the power of compound interest.
Fees don't just cut returns, they destroy wealth.
Choose low-cost index funds always.
Every dollar saved in fees grows for you.
Small fees today become huge losses over time.

부자들은 수수료가 복리로 자산을 갉아먹는다는 것을 압니다. 1,000만 원을 연 7%로 30년 투자하면 약 7,612만 원이 되지만, 수수료 2%포인트를 내 실제 수익률이 5%가 되면 약 4,322만 원에 그쳐 3,290만 원 이상이 수수료 구조 때문에 사라집니다.
이 작은 차이는 매년 복리로 누적되어 수십 년 뒤 완전히 다른 자산 규모를 만듭니다. 그래서 부자는 연 2%짜리 액티브 펀드는 경계하고 0.1% 수준의 인덱스펀드를 선호하며, 높은 수익률을 쫓는 것 못지않게 수수료를 줄이는 일을 중요하게 여깁니다.

데이비드 스웬슨 David Swensen

데이비드 스웬슨은 위스콘신대에서 경제학을 전공하고 예일대에서 경제학 박사를 받은 뒤, 샐러먼 브라더스와 리먼 브라더스를 거쳐 1985년 예일대 기금 최고투자책임자(CIO)가 되었습니다. 취임 당시 약 10억 달러대였던 예일 기금을 비유동 대체투자와 극단적 분산을 핵심으로 하는 이른바 '예일 모델'로 운용해 수십 년간 연평균 약 13% 안팎의 수익률을 올리며 300억 달러가 넘는 규모로 키웠습니다. 그는 《포트폴리오 성공 운용》 등의 저서를 통해 기관에는 대체투자 중심의 자산 배분을, 개인 투자자에게는 고비용 펀드 대신 저비용 인덱스펀드, 뮤추얼펀드를 권하며 수수료가 장기 복리 수익을 잠식한다고 경고했습니다. 2021년 67세로 신장암으로 사망한 뒤, 예일은 인문학 쿼드의 타워와 기숙 관련 건물에 그의 이름을 붙이며 스웬슨의 공헌을 기리고 있습니다.

데이비드 스웬슨의 인사이트

복리는 돈을 불리지만, 수수료도 복리로 당신의 자산을 갉아먹는다.
Compounding builds wealth, but fees compound against you.

수수료를 줄이는 것이 수익을 올리는 것만큼 중요하다.
Cutting costs is just as key as growing gains.

오늘의 질문

오늘 나는 수수료를 어떻게 '줄였는가'?

수수료를 무시하며 내 자산이 조용히 사라지도록 놔두고 있지는 않은가?

데이비드 스웬슨 David Swensen

부자는 수수료도 복리처럼 관리한다.
High fees destroy compound wealth.

높은 수수료는 복리의 위력을 무력화시킵니다.

수수료는 단순히 수익을 깎는 것이 아니라, 당신의 부를 잠식합니다.

언제나 저비용 인덱스 펀드를 선택하세요.

수수료로 아낀 돈은 시간이 지날수록 크게 불어납니다.

지금은 작은 비용처럼 보여도, 장기적으로는 막대한 손실이 될 수 있습니다.

High fees kill the power of compound interest.

Fees don't just cut returns, they destroy wealth.

Choose low-cost index funds always.

Every dollar saved in fees grows for you.

Small fees today become huge losses over time.

부자는 가장 단순한
인덱스 펀드에 투자한다.
Low-cost index fund is
most sensible.

대부분의 사람들에게는 저비용 인덱스 펀드가 가장 현명한 선택입니다.
개별 주식을 고르거나 시장 타이밍을 맞출 필요는 없습니다.
그냥 시장 전체를 사고, 평생 보유하세요.
이 단조로운 전략이 전문가의 90%보다 나은 성과를 냅니다.
단순하고 저렴한 방식이, 복잡하고 비싼 전략을 이깁니다.

For most people, low-cost index funds are smartest.
You don't need to pick stocks or time markets.
Just buy the whole market and hold forever.
This boring strategy beats ninety percent of experts.
Simple and cheap wins over complex and expensive.

부자들은 시장을 '이기려고' 들지 않고, 조용히 같이 갑니다. 찰스 엘리스가 수십 년 동안 데이터를 들여다본 결론은 단순합니다. 10년, 15년이 지나면 대부분의 액티브 펀드가 S&P 500 같은 인덱스를 못 이긴다는 것. 전문가들의 상당수가 지는데, 개별 투자자가 차트를 붙잡고 그들을 이기겠다는 건 거의 카지노 전략에 가깝습니다.
그래서 진짜 고수들은 복잡한 비밀 전략 대신, S&P 500이나 코스피 200처럼 시장 전체를 사서 긴 시간 그냥 들고 갑니다. '수수료 낮은 인덱스에 오래 묻어두는 것'이, 화려한 액티브 펀드보다 장기적으로 더 높은 성적을 낼 가능성이 크다는 걸 알기 때문입니다. 결국 부자의 전략은 의외로 심플합니다. 오늘의 '한 방'이 아니라, 10~20년 뒤에 시장 평균을 꾸준히 먹는 사람이 승자라는 사실을 받아들이는 것입니다.

찰스 엘리스 Charles Ellis

찰스 엘리스는 예일대를 졸업하고 하버드 비즈니스스쿨에서 MBA를 받은 뒤, 록펠러 가의 자산을 관리하는 투자 조직에서 일하다 1972년 금융기관 대상 컨설팅 회사 그리니치 어소시에이츠를 설립했습니다. 1975년 발표한 글과 이후 책《패자의 게임에서 승자가 되는 법》에서 아마추어 테니스의 '실수를 줄이는 게임'을 비유로, 개인이 시장을 이기려 애쓰기보다는 낮은 비용의 인덱스펀드를 이용해 시장 전체를 오래 보유하는 전략이 더 합리적이라고 주장하며 인덱스 투자의 대표적 이론가가 되었습니다.

그는 뱅가드 이사회와 예일대 투자위원회에서 활동했고, 다수의 투자서적을 집필하며 CFA Institute 평생 공로상을 받는 등, 장기·저비용·단순함을 강조하는 투자 철학으로 지금도 투자업계와 개인 투자자들에게 큰 영향을 미치고 있습니다

찰스 엘리스의 인사이트

시장을 이기려 하지 말고, 시장을 사라.
Don't try to beat the market; own it instead.

단순한 전략이 복잡한 전략을 이긴다.
Keep it simple because it works better than complex strategies.

오늘의 질문

오늘 나는 인덱스 펀드를 어떻게 활용했는가?

복잡한 전략을 추구하며 단순한 승리를 놓치고 있지는 않은가?

부자는 가장 단순한 인덱스 펀드에 투자한다.
Low-cost index fund is most sensible.

대부분의 사람들에게는 저비용 인덱스 펀드가 가장 현명한 선택입니다.

개별 주식을 고르거나 시장 타이밍을 맞출 필요는 없습니다.

그냥 시장 전체를 사고, 평생 보유하세요.

이 단조로운 전략이 전문가의 90%보다 나은 성과를 냅니다.

단순하고 저렴한 방식이, 복잡하고 비싼 전략을 이깁니다.

For most people, low-cost index funds are smartest.

You don't need to pick stocks or time markets.

Just buy the whole market and hold forever.

This boring strategy beats ninety percent of experts.

Simple and cheap wins over complex and expensive.

존 네프 John Neff

부자는 시간을 믿고, 감정을 통제한다.
Time is your friend,
impulse your enemy.

투자에서 시간은 당신의 친구, 충동은 당신의 적입니다.
좋은 자산을 오래 보유할수록, 부는 더욱 크게 자랍니다.
시장은 인내하는 이에게 보상하고, 조급한 이에게 벌을 줍니다.
하루하루의 시장 소음에 휘둘리지 마세요.
기다리면 결국 이기고, 서두르면 매번 지게 됩니다.

In investing, time is your friend and impulse your enemy.
The longer you hold quality investments the more wealth grows.
Markets reward patience and punish being impatient.
Don't react to daily market noise at all.
Wait and win, rush and lose every time.

부자들은 시간을 편으로 만들고, 공포와 충동을 적으로 돌립니다. 존 네프는 31년 동안 뱅가드 윈저펀드를 맡아 연평균 13.7%라는 성적을 냈는데, 비결은 화려한 매매가 아니라 '싸게 사서 오래 버티는' 지독한 인내였습니다. 1987년 블랙먼데이가 터져 시장이 하루 만에 폭락했을 때, 많은 사람들이 패닉에 빠져 팔아 치울 궁리만 할 때 네프는 정반대로 헐값이된 우량주들을 담아 갔습니다. 공포의 순간을 '할인 기간'으로 받아들였기 때문에, 시간이지나 시장이 회복되자 공포에 팔았던 이들이 손실을 확정한 자리에서 그는 이익을 챙길 수있었습니다. 부자는 하루 종일 시세를 들여다보지 않습니다.
몇 번의 폭락을 견딜 수 있는 포지션을 만들고, 계획한 기간을 통과할 때까지 조용히 기다리는 쪽을 선택합니다. 또한 부자는 뉴스에 반응하지 않습니다. 계획대로 움직입니다. 충동을 억제하는 능력이 돈을 벌게 합니다.

존 네프 John Neff

존 네프는 오하이오주에서 태어나 오하이오주 톨레도대학을 졸업하고 케이스웨스턴리저브대학에서 MBA를 받은 뒤, 1963년 웰링턴 매니지먼트에 합류해 1964년부터 1995년까지 31년간 뱅가드 윈저 펀드를 운용한 전설적 가치투자 펀드매니저입니다. 그는 저PER, 시장이 외면한 지루한 업종의 주식을 싸게 사 오래 들고 가는 전략으로, 같은 기간 연평균 13.7% 수익률을 올려 S&P 500의 약 10.6%를 연 3.1%포인트 앞섰고, 1964년에 윈저 펀드에 1만 달러를 투자했다면 1995년 은퇴 시점에는 약 56만 달러가 되었을 것이라는 계산으로 유명합니다. 1995년 60대 중반에 은퇴한 뒤 《가치투자, 주식황제 존 네프처럼 하라》를 통해 자신의 가치투자 철학을 공개했으며, 필라델피아 인근에서 비교적 검소한 삶을 살다 2019년 87세로 세상을 떠났고, 피터 린치, 워런 버핏과 함께 20세기를 대표하는 펀드매니저 중 한 명으로 자주 언급됩니다.

존 네프의 인사이트

투자에서 가장 큰 적은 감정이다.
In investing, your emotions are your biggest enemy.

충동을 억제하는 능력이 수익을 만든다.
Profits come from the ability to control your impulses.

오늘의 질문

오늘 나는 '충동'을 어떻게 억제했는가?

매일의 시장 소음에 흔들리며 장기 전략을 망치고 있지는 않은가?

부자는 시간을 믿고, 감정을 통제한다.
Time is your friend,
impulse your enemy.

투자에서 시간은 당신의 친구, 충동은 당신의 적입니다.

좋은 자산을 오래 보유할수록, 부는 더욱 크게 자랍니다.

시장은 인내하는 이에게 보상하고, 조급한 이에게 벌을 줍니다.

하루하루의 시장 소음에 휘둘리지 마세요.

기다리면 결국 이기고, 서두르면 매번 지게 됩니다.

In investing, time is your friend and impulse your enemy.

The longer you hold quality investments the more wealth grows.

Markets reward patience and punish being impatient.

Don't react to daily market noise at all.

Wait and win, rush and lose every time.

존 마크스 템플턴 John Marks Templeton

부자는 두려움 속에서 조용히 매수한다.
Maximum pessimism is
best buying time.

가장 큰 두려움이 시장을 지배할 때, 바로 그때가 최고의 매수 기회입니다.
모두가 공황에 빠져 파는 순간, 가격은 바닥을 찍습니다.
똑똑한 투자자는 남들이 두려움에 던지는 자산을 조용히 줍습니다.
뉴스가 재앙을 외칠 때, 조용히 사들이기 시작하세요.
거리에 피가 흐를 때, 용감한 투자자에게는 기회의 문이 열립니다.

Maximum fear is the best buying time.
When everyone sells in panic prices hit bottom.
Smart investors buy what others throw away scared.
When news screams disaster quietly start buying.
Blood in streets means bargains for brave buyers.

부자들은 최대 비관이 최고의 기회라는 것을 압니다. 존 마크스 템플턴은 1939년 2차 세계
대전이 시작되었을 때 모든 사람들이 공포에 빠졌습니다. 주식 시장은 폭락했습니다. 신문
은 세계의 종말을 외쳤습니다. 템플턴은 그 순간 1만 달러를 빌려 1달러 이하로 떨어진 모
든 주식을 샀습니다. 무려 104개 회사였습니다. 친구들은 그를 보며 미쳤다고 했습니다.
하지만 전쟁이 끝나고 경제가 회복되기 시작했습니다. 4년 정도 뒤 그 주식들은 평균 4배가
되었습니다. 1만 달러가 5만 달러가 되었습니다. 템플턴은 이 전략을 평생 반복했습니다.
2008년 금융위기, 1997년 아시아 외환위기. 모두가 팔 때 샀습니다. 부자는 신문이 재앙을
외칠 때 주목합니다. 최대 비관은 최저 가격을 의미합니다. 공포가 클수록 기회도 큽니다.

존 마크스 템플턴 John Marks Templeton

1912년 테네시주 윈체스터에서 태어나 예일대를 장학금과 아르바이트로 졸업한 뒤, 로즈 장학생으로 옥스퍼드에서 법학을 공부한 뒤 월가로 진출한 역발상 투자자입니다. 1937년 월스트리트에서 경력을 시작했고, 1939년 2차 세계대전이 발발하자 모두가 공포에 떨 때 1만 달러를 빌려 1달러 이하로 거래되는 모든 주식을 104개 샀습니다. 4년 후 이 주식들이 평균 4배가 되어 템플턴의 투자 철학이 확립되었습니다.

1954년 템플턴 성장 펀드를 창립하며 세계 최초로 글로벌 투자를 시작했습니다. '모두가 절망할 때가 최고의 매수 타이밍'이라는 철학으로 50년간 연평균 15% 이상의 수익을 냈고, 1992년 프랭클린 리소스에 펀드를 9억 1300만 달러에 매각했습니다. 독실한 기독교인으로 템플턴 종교 재단을 설립해 10억 달러 이상을 종교와 과학 연구에 기부했고, 템플턴 상을 만들어 노벨상보다 큰 상금을 수여했습니다. 2008년 95세로 바하마 나소에서 세상을 떠났고, 그의 '최대 비관론' 투자 철학은 역발상 투자의 교과서가 되었습니다.

존 마크스 템플턴의 인사이트

모두가 두려워할 때가 가장 큰 기회다.
The best opportunities come when everyone else is scared.

최대 비관은 최저 가격을 의미한다.
The deepest pessimism brings the best bargains.

오늘의 질문

오늘 나는 '비관' 속에서 무엇을 발견했는가?

공포에 휩쓸려 최고의 매수 기회를 놓치고 있지는 않은가?

부자는 두려움 속에서 조용히 매수한다.
Maximum pessimism is best buying time.

가장 큰 두려움이 시장을 지배할 때, 바로 그때가 최고의 매수 기회입니다.

모두가 공황에 빠져 파는 순간, 가격은 바닥을 찍습니다.

똑똑한 투자자는 남들이 두려움에 던지는 자산을 조용히 줍습니다.

뉴스가 재앙을 외칠 때, 조용히 사들이기 시작하세요.

거리에 피가 흐를 때, 용감한 투자자에게는 기회의 문이 열립니다.

Maximum fear is the best buying time.

When everyone sells in panic prices hit bottom.

Smart investors buy what others throw away scared.

When news screams disaster quietly start buying.

Blood in streets means bargains for brave buyers.

부자는 반대로 사고하고 숫자로 판단한다.
Go opposite + Do math.

가치투자란, 역발상에 냉정한 숫자를 더하는 일입니다.
단순히 싸 보이는 것이 아니라, 진짜 저평가된 자산을 사세요.
남들이 공포에 휩싸일 때, 당신은 차분하게 계산해야 합니다.
진짜 가치를 보고, 시장의 소음은 무시하세요.
두려움 속에서 승리하는 법. 바로 반대 사고와 철저한 분석입니다.

Value investing is math plus going opposite direction.
Buy things undervalued, not just cheap prices.
When others panic badly, you calculate calmly.
Find real value, ignore noise, win from fear.
Opposite thinking and cold numbers make money.

부자들은 감정이 아니라 계산으로 투자합니다. 마리오 가벨리는 전쟁이나 위기 뉴스에 휩쓸리기보다 기업의 자산, 현금흐름, 부채를 숫자로 따져 보며, 시장이 패닉일 때도 '이 가격이 본질가치 대비 얼마나 싼가?'를 먼저 묻는 대표적 가치투자자입니다. 걸프전 같은 지정학적 위기 때 에너지와 경기 민감 업종을 분석해 기회로 삼았다는 일화는 여럿 전해지는데, 여기서 중요한 것은 특정 몇 배 수익 이야기가 아니라, 헤드라인 대신 재무제표를, 공포 대신 밸류에이션을 보는 태도 자체입니다.
결국 역발상에 치밀한 계산을 더하는 것이 그의 스타일이자, 가치투자의 핵심이라는 메시지로 정리할 수 있습니다. 감정은 틀립니다. 숫자는 거짓말하지 않습니다. 역발상에 계산을 더하세요. 그것이 가치투자입니다.

마리오 가벨리 Mario Gabelli

마리오 가벨리는 뉴욕 브롱크스에서 이탈리아계 이민자 가정의 아들로 태어나 포덤대를 졸업하고 컬럼비아 경영대학원에서 MBA를 받으며 로저 머리에게서 가치투자를 배웠습니다. 1976년 Gabelli & Co.를, 1977년 Gabelli Investors(훗날 GAMCO Investors)를 설립한 그는 로저 머리가 정립한 '사적 시장 가치(Private Market Value, PMV)' 개념을 바탕으로 케이블 TV, 방송, 자동차 부품 등 저평가된 산업에 투자하며 수십 년간 시장을 웃도는 성과를 내, 오늘날 수백억 달러 규모 자산을 운용하는 GAMCO의 창립자이자 회장, CEO로 여전히 활동하고 있으며 "감정이 아니라 계산기로 투자하라."는 메시지를 전하고 있습니다.

마리오 가벨리의 인사이트

감정으로 투자하면 손실이고, 계산으로 투자하면 수익이다.
Emotional investing leads to losses; calculated investing leads to gains.

숫자는 거짓말하지 않는다.
Facts are in the numbers.

오늘의 질문

오늘 나는 '계산'으로 어떻게 투자했는가?

감정과 뉴스에 휩쓸려 냉철한 계산을 놓치고 있지는 않은가?

부자는 반대로 사고하고 숫자로 판단한다.
Go opposite + Do math.

가치투자란, 역발상에 냉정한 숫자를 더하는 일입니다.

단순히 싸 보이는 것이 아니라, 진짜 저평가된 자산을 사세요.

남들이 공포에 휩싸일 때, 당신은 차분하게 계산해야 합니다.

진짜 가치를 보고, 시장의 소음은 무시하세요.

두려움 속에서 승리하는 법. 바로 반대 사고와 철저한 분석입니다.

Value investing is math plus going opposite direction.

Buy things undervalued, not just cheap prices.

When others panic badly, you calculate calmly.

Find real value, ignore noise, win from fear.

Opposite thinking and cold numbers make money.

　　토마스 로 프라이스 Thomas Rowe Price

부자는 가격보다 가치를 본다.
Know price, not value.

대부분의 사람들은 가격은 알지만, 진짜 가치는 모릅니다.
가격은 감정과 분위기에 따라 매일 요동치지만,
가치는 현실과 사실에 따라 천천히 변합니다.
가격만 쳐다보지 말고, 본질적인 가치를 들여다보세요.
가격은 당신이 지불하는 것, 가치는 당신이 얻는 것입니다.

Most people know price but not value.
Price changes daily based on emotions and mood.
Value changes slowly based on reality and facts.
Don't just watch price, look for real value.
Price is what you pay, value what you get.

부자들은 가격표 대신 비즈니스를 봅니다. 토머스 로 프라이스는 1929년 대공황처럼 모두가 "끝났다!"고 외치던 순간에도 주가 대신 재무제표를 들여다본 사람이었습니다. 그는 공포 속에서도 이익과 현금흐름이 튼튼한 성장 기업을 골라 담으며, '좋은 회사의 가치는 시장의 공포만큼 빨리 무너지지 않는다.'는 교훈을 얻었죠. 이 경험으로 IBM, 코카콜라 같은 성장 기업을 오랫동안 들고 가는 '성장주 투자' 철학을 세웠고, 훗날 'T. Rowe Price'라는 회사를 만들어 "주가는 매일 춤추지만, 가치는 천천히 움직인다."는 원칙을 평생 밀고 나갔습니다.

삼성전자 6만 원은 그냥 숫자일 뿐, 진짜 게임은 '이 회사의 진짜 가치는 얼마인가?'를 계산하는 사람과 그렇지 않은 사람 사이에서 갈립니다. 부자는 가격이 아니라 가치를 봅니다.

토마스 로 프라이스 Thomas Rowe Price

토마스 로 프라이스는 메릴랜드 출신으로 스와스모어 칼리지에서 화학을 전공한 뒤 듀폰을 거쳐 1920년대 중반 증권업으로 전향해, 대공황을 겪으며 '주가가 아니라 기업의 내재가치를 봐야 한다.'는 성장주 투자 철학을 세운 인물입니다. 1937년 볼티모어에서 'T. Rowe Price Associates'를 창립해 IBM, 제록스, 3M 같은 장기 성장 기업에 집중 투자하며 성장주 투자의 선구자로 불렸고, 1950년대 성장주 펀드 성공 이후 회사를 키워 1986년 상장까지 이끌었습니다. 세상을 떠난 뒤에도, 오늘날 약 1.6조 달러 이상을 운용하는 글로벌 자산운용사로 남아 그의 장기 성장·내재가치 중시 철학을 이어가고 있습니다.

토마스 로 프라이스의 인사이트

가격을 보는 사람은 투기꾼이고, 가치를 보는 사람은 투자자다.
Speculators watch price; investors focus on value.

가격은 매일 변하지만 가치는 천천히 변한다.
Price changes fast. Value takes time.

오늘의 질문

오늘 나는 '가치'를 어떻게 계산했는가?

가격만 신경 쓰느라 진짜 가치를 놓치고 있지는 않은가?

부자는 가격보다 가치를 본다.
Know price, not value.

대부분의 사람들은 가격은 알지만, 진짜 가치는 모릅니다.

가격은 감정과 분위기에 따라 매일 요동치지만,

가치는 현실과 사실에 따라 천천히 변합니다.

가격만 쳐다보지 말고, 본질적인 가치를 들여다보세요.

가격은 당신이 지불하는 것, 가치는 당신이 얻는 것입니다.

Most people know price but not value.

Price changes daily based on emotions and mood.

Value changes slowly based on reality and facts.

Don't just watch price, look for real value.

Price is what you pay, value what you get.

부자는 싸구려 대신 훌륭함에 투자한다.
Wonderful company at fair price.

적정한 가격에 훌륭한 회사를 사세요.
훌륭한 기업은 수십 년에 걸쳐 부를 키워줍니다.
값싸 보이는 함정에 속지 마세요.
탁월한 기업에는 정당한 값을 지불하세요. 시간이 반드시 보상합니다.
'싼 쓰레기'보다 '괜찮은 가격의 좋은 회사'가 훨씬 낫습니다.

Buy a wonderful company at a fair price.
Quality businesses grow wealth over many decades.
Don't chase cheap bargains that become traps.
Pay for excellence and time rewards you.
Great companies at okay prices beat trash cheap.

부자들은 '세일' 딱지보다 브랜드 로고를 먼저 봅니다. 빌 애크먼도 처음엔 숫자만 보는 사람이었습니다. 밸류에이션 표에서 PER가 낮은 종목을 골라 "와, 이거 세일이다!" 하며 달려들었다가, 막상 안에 들어 있던 건 성장도 없고 경쟁력도 없는 비즈니스라는 걸 뒤늦게 깨달았습니다. 싸게 산 주식이 아니라 싸게 산 '문제 기업'이었고, 값은 싸도 교훈은 비쌌습니다. 그 후 그는 판을 바꿨습니다. 스타벅스, 치폴레처럼 시간이 지날수록 점포가 늘고, 브랜드가 강해지고, 재투자할 곳이 넘쳐나는 회사를 고른 겁니다. 숫자로 보면 PER이 예전보다 비싸 보였지만, 비즈니스의 질과 성장성이 만들어내는 '보이지 않는 자산'을 더 크게 본 거죠. 애크먼이 보여준 건 단순합니다. 싸다고 아무 회사나 줍는 게임은 '동전 뒤지기'에 가깝고, 조금 비싸 보여도 훌륭한 회사를 오래 들고 가는 게임이야말로 진짜 부자들이 즐기는 게임이라는 사실입니다. 부자는 가격만 보지 않습니다. 품질을 먼저 봅니다. 조금 비싸도 최고를 사세요.

빌 애크먼 Bill Ackman

하버드대, 하버드 비즈니스스쿨 출신으로, 1992년 동문 데이비드 버코위츠와 함께 고담 파트너스를 세웠다가 '싸지만 구조적으로 문제 있는 자산'에 베팅했다가 큰 실패를 겪으면서 단순 저가주 전략의 한계를 깨달았습니다. 2004년 퍼싱스퀘어 캐피털을 설립한 뒤에는 소수의 고품질 기업에 집중 투자하고 때로는 경영진에 직접 목소리를 내는 스타일로 유명해졌고, 2020년 코로나 초기에는 소규모 CDS 헤지 포지션으로 약 2.7억 달러가 아니라 26억~27억 달러 수준의 이익을 올리며 다시 주목받았습니다.

치폴레 같은 고급 소비 브랜드로 큰 수익을 내는 한편 넷플릭스처럼 손실을 보고 빠르게 정리한 사례도 있지만, 현재도 100억 달러가 넘는 자산을 운용하며 X에서 100만 명을 훌쩍 넘는 팔로워를 상대로 '탁월한 비즈니스에는 프리미엄을 지불할 가치가 있다.'는 철학을 꾸준히 전하고 있습니다.

빌 애크먼의 인사이트

싼 것은 사라지고, 좋은 것은 남는다.
Cheap fades fast. Quality lasts.

품질에 지불한 프리미엄은 시간이 보상한다.
When you pay for quality, time pays you back.

오늘의 질문

오늘 나는 '품질'을 어떻게 선택했는가?

_____

가격만 신경 쓰느라 품질을 놓치고 있지는 않은가?

_____

부자는 싸구려 대신 훌륭함에 투자한다.
Wonderful company at fair price.

적정한 가격에 훌륭한 회사를 사세요.

훌륭한 기업은 수십 년에 걸쳐 부를 키워줍니다.

값싸 보이는 함정에 속지 마세요.

탁월한 기업에는 정당한 값을 지불하세요. 시간이 반드시 보상합니다.

'싼 쓰레기'보다 '괜찮은 가격의 좋은 회사'가 훨씬 낫습니다.

Buy a wonderful company at a fair price.

Quality businesses grow wealth over many decades.

Don't chase cheap bargains that become traps.

Pay for excellence and time rewards you.

Great companies at okay prices beat trash cheap.

부자는 결국 무게추를 믿는다.
Voting machine
vs. Weighing machine.

단기적으로 시장은 인기투표에 불과하지만,
장기적으로는 진짜 가치를 재는 저울이 됩니다.
매일 바뀌는 가격은 그저 소음일 뿐, 의미 없습니다.
단기 반응에 휘둘리지 말고, 장기의 무게를 믿으세요.
충분히 기다리면, 결국 진짜 가치가 이깁니다.

In the short run markets are voting machines.
In the long run they become weighing machines.
Daily price changes mean nothing but just noise.
Ignore short-term votes and trust the long-term scale.
Real value always wins when you wait long enough.

부자들은 압니다. 단기는 인기투표, 장기는 무게 측정이라는 사실을. 월터 슐로스가 고른 한 심심한 제조 회사와, 파산 철도 'Boston & Providence Railroad'는 이 말을 드라마처럼 증명한 두 장면입니다. 재무제표는 멀쩡했습니다. 부채도 없고, 현금도 두둑했지만, 주가는 장부가의 절반. 이유는 단 하나, '재미없어서'. 뉴스에도 안 나오고, 스토리도 없으니, 시장은 투표하듯 외면했습니다.

1년, 2년, 그래프는 평평했고, 주변에서는 "그걸 왜 아직도 들고 있어?"라며 비웃었습니다. 슐로스는 "지금은 투표 중일 뿐이야. 곧 무게를 달 거야."라며 한마디만 합니다.

시간이 흐르자, 장부와 자산이 다시 평가받기 시작했고, 버려졌던 기억은 정상에 가까운 수준으로 끌려 올라왔습니다. 시장 전체가 드라마의 관객처럼 인기투표에 열광할 때, 진짜 부자는 무대 뒤에서 조용히 무게를 잽니다. 가격은 매일 요란하게 바뀌지만, 가치는 느리게, 그리고 결국엔 반드시 드러납니다. 그래서 슐로스식 결론은 이렇게 들립니다.

"떠드는 건 가격이다. 마지막에 승부를 결정하는 건, 언제나 무게다."

월터 슐로스 Walter Schloss

1916년 뉴욕에서 태어나, 대학에 진학하지 않고 18세에 월스트리트 러너로 일을 시작했습니다. 1930년대 뉴욕증권거래소 인스티튜트에서 벤저민 그레이엄의 야간 강좌를 들으며 투자를 공부했고, 이후 Graham-Newman Partnership에서 함께 일했습니다. 1955년 그레이엄이 투자 사업에서 물러나자 독립해 Walter J. Schloss Associates를 설립했고, '단기는 인기투표, 장기는 저울'이라는 그레이엄의 철학을 평생 실천했습니다.

순자산 대비 크게 저평가된 주식들을 폭넓게 분산 매수해 수십 개에서 많게는 100개에 가까운 종목을 동시에 보유했고, 맨해튼의 작은 사무실에서 아들과 함께 단순한 도구만으로 운용하며 수십 년간 약 15% 안팎의 연평균 수익으로 시장을 크게 상회했습니다. 워런 버핏은 1984년 'The Superinvestors of Graham-and-Doddsville'에서 그를 대표적인 슈퍼 인베스터로 소개하며 '시장은 항상 효율적이지 않다.'는 주장의 중요한 증거로 삼았습니다. 그는 2012년 95세를 일기로 세상을 떠났고, 오늘날에는 그레이엄식 가치투자를 끝까지 고수한, 인내와 규율의 상징으로 평가받고 있습니다.

월터 슐로스의 인사이트

오늘의 가격은 인기투표고, 10년 후 가격은 진짜 가치다.
Price shows popularity today, value tomorrow.

시장은 단기적으로 틀리지만, 장기적으로는 항상 옳다.
Markets get it wrong short-term, but right long-term.

오늘의 질문

오늘 나는 '투표'를 어떻게 무시했는가?

매일의 가격 변동에 흔들리며 진짜 가치를 놓치고 있지는 않은가?

부자는 결국 무게추를 믿는다.
Voting machine
vs. Weighing machine.

단기적으로 시장은 인기투표에 불과하지만,

장기적으로는 진짜 가치를 재는 저울이 됩니다.

매일 바뀌는 가격은 그저 소음일 뿐, 의미 없습니다.

단기 반응에 휘둘리지 말고, 장기의 무게를 믿으세요.

충분히 기다리면, 결국 진짜 가치가 이깁니다.

In the short run markets are voting machines.

In the long run they become weighing machines.

Daily price changes mean nothing but just noise.

Ignore short-term votes and trust the long-term scale.

Real value always wins when you wait long enough.

부자는 매일 1%씩 지혜를 쌓는다.
Be wiser than when you woke up.

매일 밤, 조금 더 현명해진 자신으로 잠자리에 드세요.
하루하루의 배움이 쌓여, 결국 커다란 지식이 됩니다.
오늘 모든 걸 알 필요는 없습니다.
그저 매일, 새로운 것 하나만 배우면 됩니다.
작은 배움의 걸음들이, 결국 큰 지혜를 만들어냅니다.

Go to bed each night a little wiser.
Daily learning adds up to great knowledge over time.
You don't need to know everything today.
Just learn one new thing every single day.
Small steps every day create big wisdom eventually.

부자들은 돈뿐 아니라 지식도 복리로 쌓인다는 사실을 압니다. '오늘 나는 조금이라도 더 똑똑해졌는가?'라는 질문은 리처드 파인먼이 강조한 호기심과 자기 검증의 태도를 잘 보여 주는 표현입니다. 수학적으로 매일 1%씩 나아가면 1년 후 어떻게 될까요? 수학적으로 37.8배 더 현명해집니다. 이것이 지식의 복리입니다. 한 투자자는 매일 30분씩 재무제표 읽는 법을 공부했습니다. 1년 후 그는 웬만한 회계사만큼 세무제표를 읽을 수 있었습니다. 또 다른 투자자는 매일 비즈니스 모델 하나씩 분석했습니다. 1년 후 365개 비즈니스를 이해하게 되었습니다. 부자는 돈만 복리로 불리지 않습니다. 지식도 복리로 불립니다.
매일 책 10페이지를 읽으세요. 1년이면 3,650페이지입니다. 10권의 책입니다. 10년이면 100권입니다. 지식이 곧 부입니다.

리처드 파인만 Richard Feynman

1918년 뉴욕에서 태어나 MIT와 프린스턴에서 물리학을 공부했고, 맨해튼 프로젝트와 노벨상 수상, 칼텍 교수로의 활동을 통해 20세기 물리학을 대표하는 인물이 되었습니다. 평생 '자기 기만을 경계하고 모르는 것을 인정하는 태도'를 강조했으며, 매일 조금이라도 더 나아지려는 자세로 여러 분야를 탐구했습니다(이는 현대적 자기계발 문구로 재구성된 표현이지, 그대로의 직접 인용은 아닙니다). 그는 봉고 연주, 그림, 금고 열기, 브라질 체류와 언어·문화 탐구 등 순수한 호기심으로 다양한 세계를 경험했고, '파인먼 물리학 강의'와 '챌린저호 O-링 실험'으로 과학을 대중에게 직관적으로 설명하는 아이콘으로 남았습니다.

리처드 파인먼의 인사이트

매일 1% 성장하면, 1년 후 다른 사람이 된다.
1% better each day changes everything in a year.

지식도 복리로 쌓인다.
Knowledge compounds like money.

오늘의 질문

오늘 나는 무엇을 '배웠는가'?

───────────────────────────────────────

배움을 멈추고 지식의 복리 효과를 놓치고 있지는 않은가?

───────────────────────────────────────

부자는 매일 1%씩 지혜를 쌓는다.
Be wiser than when you woke up.

매일 밤, 조금 더 현명해진 자신으로 잠자리에 드세요.

하루하루의 배움이 쌓여, 결국 커다란 지식이 됩니다.

오늘 모든 걸 알 필요는 없습니다.

그저 매일, 새로운 것 하나만 배우면 됩니다.

작은 배움의 걸음들이, 결국 큰 지혜를 만들어냅니다.

Go to bed each night a little wiser.

Daily learning adds up to great knowledge over time.

You don't need to know everything today.

Just learn one new thing every single day.

Small steps every day create big wisdom eventually.

부자는 해자를 보고 성을 산다.
Economic castles
with unbreachable moats.

강한 해자가 지켜주는 경제적 성을 찾으세요.
이런 기업들은 경쟁자들이 쉽게 넘볼 수 없는 강력한 무기를 갖고 있습니다.
넓고 깊은 해자는 수십 년간 이익이 성장할 수 있다는 신호입니다.
해자를 먼저 찾고, 그다음에 성을 사세요.
깊은 해자는 경쟁자를 막고, 이익은 안에 가둬둡니다.

Look for economic castles protected by strong moats.
These businesses have advantages competitors can't easily match.
Wide moats mean many decades of profit growth.
Find the moat first, then buy the castle.
Deep moats keep competitors out and profits in.

부자들은 경제적 해자가 있는 기업에 투자합니다. 팻 도시는 코카콜라를 분석했습니다. 왜 130년간 살아남았을까? 브랜드 파워라는 해자가 있기 때문입니다. 펩시가 같은 맛의 콜라를 만들어도 사람들은 코카콜라를 삽니다. 브랜드가 해자입니다. 카카오톡도 마찬가지입니다. 왜 모두가 쓸까? 네트워크 효과라는 해자입니다. 친구들이 다 카카오톡을 쓰니까 나도 써야 합니다.

도시는 치킨집을 분석했습니다. 해자가 없었습니다. 누구나 차릴 수 있습니다. 맛도 비슷합니다. 경쟁이 치열합니다. 치킨십처럼 누구나 쉽게 진입할 수 있는 업종은 5년 안에 문 닫는 곳이 대부분입니다. 반면 애플은? 생태계라는 해자가 있습니다. 아이폰을 쓰면 맥북, 아이패드, 애플워치를 같이 씁니다. 빠져나올 수 없습니다.

부자는 해자를 찾습니다. 브랜드, 네트워크, 전환 비용, 규모의 경제. 해자가 있는 기업만 투자하세요. 해자가 당신의 투자를 지킵니다.

팻 도시 Pat Dorsey

팻 도시는 시카고대학에서 공부한 뒤 모닝스타에 입사해 주식 애널리스트로 경력을 쌓았고, 2000년 대 초부터 2011년까지 모닝스타의 주식 리서치 디렉터를 맡았습니다. 이 기간 동안 수천 개 기업을 분석하며 '어떤 기업은 왜 장기간 높은 수익성을 유지하는가?'라는 질문에 답하기 위해 경쟁우위와 경제적 해자 개념을 체계화했고, 네트워크 효과, 전환 비용, 무형 자산, 비용 우위, 규모의 경제라는 다섯 가지 해자 유형을 정리했습니다.

2008년 출간된 《경제적 해자》와 그 이전 저서들을 통해 이러한 해자 투자 프레임워크를 개인 투자자들에게 널리 알렸고, 2013년에는 Dorsey Asset Management를 설립해 해자 중심의 장기 투자 전략을 운용하고 있습니다.

팻 도시의 인사이트

해자 없는 회사는 언젠가 망하고, 해자 있는 회사는 영원히 번성한다.
Without a moat, a company falls. With one, it endures.

해자를 찾는 것이 투자의 시작이다.
No moat, no start.

오늘의 질문

오늘 나는 어떤 '해자'를 발견했는가?

해자 없는 기업에 투자하며 위험을 자초하고 있지는 않은가?

부자는 해자를 보고 성을 산다.
Economic castles
with unbreachable moats.

강한 해자가 지켜주는 경제적 성을 찾으세요.

이런 기업들은 경쟁자들이 쉽게 넘볼 수 없는 강력한 무기를 갖고 있습니다.

넓고 깊은 해자는 수십 년간 이익이 성장할 수 있다는 신호입니다.

해자를 먼저 찾고, 그다음에 성을 사세요.

깊은 해자는 경쟁자를 막고, 이익은 안에 가둬둡니다.

Look for economic castles protected by strong moats.

These businesses have advantages competitors can't easily match.

Wide moats mean many decades of profit growth.

Find the moat first, then buy the castle.

Deep moats keep competitors out and profits in.

부자는 사람보다
시스템에 투자한다.
Any idiot can run it.

누가 운영해도 망하지 않을 만큼 강한 사업에 투자하세요.
천재 CEO에 베팅하지 말고, 튼튼한 사업 모델에 베팅하세요.
훌륭한 기업은 평범한 리더 아래서도 성장합니다.
뛰어난 시스템은 언제나 뛰어난 개인을 이깁니다.
사업의 본질적인 품질이, 리더의 재능보다 훨씬 더 중요합니다.

Invest in businesses so good any idiot can run them.
Don't bet on genius leaders, bet on strong models.
Great companies succeed even with average leadership.
Strong systems win over talented people every time.
Business quality matters more than manager brilliance.

부자들은 CEO가 아니라 비즈니스 시스템에 투자합니다. 로버트 해그스트롬은 워런 버핏의 투자를 연구했습니다. 버핏은 코카콜라를 샀습니다. CEO가 천재여서? 아닙니다. CEO가 누구든 코카콜라는 팔리기 때문입니다. 시스템이 완벽합니다. 맥도날드도 마찬가지입니다. 매뉴얼이 완벽합니다. 아르바이트생도 같은 맛을 낼 수 있습니다. 반면 어떤 회사는 CEO가 전부입니다. CEO가 떠나면 회사가 무너집니다.
스티브 잡스 이후 애플을 보세요. 팀 쿡은 잡스만큼 천재가 아닙니다. 하지만 애플은 여전히 잘됩니다. 왜? 시스템이 완벽하기 때문입니다. 부자는 천재 CEO에 베팅하지 않습니다. CEO가 바뀌어도 흔들리지 않는 시스템에 베팅합니다. '바보가 운영해도 무너지지 않는가?'라는 질문에 예스면 투자하세요. 부자들은 천재 CEO 한 명에게 의존하는 회사보다, 구조와 시스템 자체가 견고한 회사를 선호합니다.

로버트 해그스트롬 Robert Hagstrom

펜실베이니아 주립대학교에서 경영 관련 전공을 마친 뒤 1980년대 초 금융 업계에서 커리어를 시작했고, 단기 매매보다는 워런 버핏식 장기 가치투자에 관심을 두게 되었습니다. 버핏의 주주 서한과 인터뷰를 체계적으로 분석한 결과를 바탕으로 1994년 《워런 버핏 웨이》를 출간했으며, 이 책은 100만 부 이상 판매된 뉴욕타임스 베스트셀러로 자리 잡아 버핏 투자 철학서의 고전으로 평가받고 있습니다. 이후 여러 저서를 통해 '천재 CEO 한 명이 아니라, 바보가 운영해도 망하지 않을 만큼 견고한 비즈니스 모델과 경제적 해자에 투자하라.'는 메시지를 강조해왔습니다. 그는 레그 메이슨 캐피탈 매니지먼트에서 포트폴리오 매니저로 일하며 이론을 실제 운용에 적용했고, 현재는 빌레어 앤 컴퍼니 계열 펀드에서 투자 책임자로 활동하며 저술과 강연을 이어가고 있습니다.

로버트 해그스트롬의 인사이트

천재 CEO에 베팅하지 말고, 완벽한 시스템에 베팅하라.
Bet on systems, not geniuses.

CEO가 바뀌어도 흔들리지 않는 기업이 진짜 투자처다.
Great investments don't depend on the CEO.

오늘의 질문

오늘 나는 '시스템'을 어떻게 평가했는가?

CEO 개인의 능력에만 의존하는 기업에 투자하고 있지는 않은가?

부자는 사람보다
시스템에 투자한다.
Any idiot can run it.

누가 운영해도 망하지 않을 만큼 강한 사업에 투자하세요.

천재 CEO에 베팅하지 말고, 튼튼한 사업 모델에 베팅하세요.

훌륭한 기업은 평범한 리더 아래서도 성장합니다.

뛰어난 시스템은 언제나 뛰어난 개인을 이깁니다.

사업의 본질적인 품질이, 리더의 재능보다 훨씬 더 중요합니다.

Invest in businesses so good any idiot can run them.

Don't bet on genius leaders, bet on strong models.

Great companies succeed even with average leadership.

Strong systems win over talented people every time.

Business quality matters more than manager brilliance.

부자는 사라지지 않는 자산을 쌓는다.
90% through real estate.

백만장자의 90%가 부동산으로 부를 일궜습니다.
부동산은 현금 흐름, 세금 혜택, 인플레이션 방어까지 제공합니다.
부동산을 사고, 임대하고, 오래 보유하세요.
모기지는 갚아지고, 임대료는 계속 오릅니다.
땅과 건물은 시간이 지나도 사라지지 않는 부를 만들어줍니다.

Ninety percent of millionaires made wealth through real estate.
Real estate gives cash flow, tax breaks, and inflation protection.
Buy property, rent it out, and hold long.
Mortgages get paid down and rents go up.
Land and buildings build wealth that lasts forever.

부자들은 부동산이 평범한 사람을 부자로 만들어온 대표적인 길 중 하나라는 사실을 잘 알고 있습니다. 샘 젤은 대학 시절 미시간대 주변의 학생 아파트 관리를 맡으면서 시작해, 20대 중반까지 수천 개의 유닛을 관리하고 수백 개의 아파트를 보유하는 작은 '부동산 제국'을 만들어 냈습니다. 실제 그의 초기 전략은 적은 자기자본에 대출을 보태 소규모 아파트를 사거나 관리하고, 월세에서 이자를 제하고 남는 현금흐름으로 또 다른 아파트를 늘려가는 방식이었습니다.

흔히 '백만장자 열 명 중 아홉은 부동산으로 부를 만들었다.'는 격언이 인용되곤 하는데, 이런 문장은 부동산이 장기 자산축적에서 역사적으로 큰 역할을 해왔다는 사실을 상징적으로 보여줍니다. 다만 샘 젤의 실제 여정은 단순히 '10년 후 10채, 50년 후 제국'처럼 선형적으로 늘어난 것이 아니라, 학생 아파트 관리에서 출발해, 경기 침체기에 헐값에 나온 대규모 상업용 부동산을 공격적으로 매입하며 레버리지와 사이클을 활용한 보다 복잡한 과정이었습니다.

샘 젤 Sam Zell

샘 젤은 1941년, 나치의 박해를 피해 미국으로 이주한 폴란드계 유대인 부모 사이에서 태어나 시카고에서 자라며 잡지 판매 등 소규모 장사로 사업 감각을 키웠습니다. 미시간대 재학 중 학생 아파트를 관리하며 부동산에 입문한 뒤 로스쿨 시절까지 부동산 포트폴리오를 늘려갔고, 1970년대 부동산 불황과 1980년대 S&L 위기 때 부실 자산을 싸게 사들이는 전략으로 '무덤의 춤꾼'이라는 별명을 얻었습니다.

이후 에쿼티 그룹 인베스트먼츠를 통해 아파트, 오피스, 쇼핑몰 등 다양한 자산을 보유하며 수십억 달러 규모의 부동산 제국을 만들었고, 2023년 약 50억 달러대 순자산으로 세상을 떠났습니다. 그는 할리 데이비슨을 즐겨 타는 거침없는 투자자로 알려졌으며, 저서 《내가 너무 애매하게 구나?》에서 위기 속 부실 자산에 뛰어들어 가치를 끌어올리는 자신만의 부동산 투자 철학을 자세히 설명했습니다.

샘 젤의 인사이트

부동산은 평범한 사람을 부자로 만드는 가장 확실한 길이다.
Real estate is the surest path to wealth for the average person.

첫 번째 부동산이 가장 어렵고, 두 번째부터는 쉬워진다.
Buying the first is tough. After that, it's momentum.

오늘의 질문

오늘 나는 부동산에 대해 무엇을 '배웠는가'?

_____

부동산 투자를 미루며 기회를 놓치고 있지는 않은가?

_____

부자는 사라지지 않는 자산을 쌓는다.
90% through real estate.

백만장자의 90%가 부동산으로 부를 일궜습니다.

부동산은 현금 흐름, 세금 혜택, 인플레이션 방어까지 제공합니다.

부동산을 사고, 임대하고, 오래 보유하세요.

모기지는 갚아지고, 임대료는 계속 오릅니다.

땅과 건물은 시간이 지나도 사라지지 않는 부를 만들어줍니다.

Ninety percent of millionaires made wealth through real estate.

Real estate gives cash flow, tax breaks, and inflation protection.

Buy property, rent it out, and hold long.

Mortgages get paid down and rents go up.

Land and buildings build wealth that lasts forever.

작은 시작이 부동산 부자의 첫걸음이다.
Real estate is a tried means.

부동산은 검증된 부의 축적 수단입니다.
수백만 달러보다 더 중요한 건 헌신과 인내입니다.
지금 감당할 수 있는 걸 사고, 임대하고, 자라는 걸 지켜보세요.
첫 구매가 가장 어렵고, 동시에 가장 중요합니다.
작게 시작해서, 한 걸음씩 차근차근 키워가세요.

Real estate is a proven way to build wealth.
You don't need millions but commitment and patience.
Buy what you can afford, rent it, watch it grow.
Your first purchase is hardest and most important.
Start small and build from there step by step.

부자들은 돈이 없어도 부동산으로 판을 뒤집을 수 있다는 것을 압니다. 바버라 코코란은 1973년 뉴욕에서 웨이트리스로 일하던 때, 남자친구에게 1,000달러를 빌려 초라한 부동산 중개 사무실 하나를 열었습니다. 그 작은 간판이 시간이 지나 맨해튼 전역을 다루는 코코란 그룹으로 자라났고, 2001년 약 6600만 달러에 매각되면서 '1,000달러로 6600만 달러를 만든' 상징적 사례가 되었습니다.

그녀의 여정은 한 채의 집을 사고파는 단순한 반복이 아니라, 작은 중개업에서 출발해 리스팅, 브랜드, 신뢰를 복리처럼 키워 대형 브로커리지로 성장시킨 이야기입니다. 그래서 코코란은 '큰돈이 없어도, 작은 자본과 영업력, 시장을 읽는 눈이 있다면 부동산 비즈니스로 인생을 바꿀 수 있다.'는 메시지의 아이콘으로 자주 인용됩니다.

바버라 코코란 Barbara Corcoran

1949년 뉴저지에서 다자녀 가정의 한 명으로 태어나, 난독증으로 학교에서는 뒤처졌지만 대학을 마친 뒤 20개 가까운 직업을 전전하며 웨이트리스·교사 등으로 일했습니다. 1973년 남자친구에게 1,000달러를 빌려 뉴욕에서 작은 부동산 회사 코코란-시몬을 시작했고, 이후 코코란 그룹으로 이름을 바꾸어 창의적인 마케팅과 자체 뉴욕 부동산 리포트로 브랜드를 키워 맨해튼 유력 브로커리지로 성장시켰습니다.

1978년 파트너와 결별한 뒤에도 회사를 홀로 키워나가 2001년 NRT에 약 6,600만 달러에 매각했으며, 2009년부터는 ABC〈Shark Tank〉에 투자자로 출연해 80개가 넘는 스타트업에 투자해 온 인물로, '1,000달러로 뉴욕 부동산 제국을 만든 여성 기업가'의 상징으로 남아 있습니다.

바버라 코코란의 인사이트

첫 번째 부동산을 사는 순간, 부자로 가는 길이 열린다.
Wealth begins with your first property.

돈이 없다는 핑계는 시작하지 않으려는 핑계일 뿐이다.
Saying 'no money' just means 'no start'.'

오늘의 질문

오늘 나는 첫 부동산을 위해 무엇을 했는가?

'돈이 없어서'라는 핑계로 부동산 투자를 미루고 있지는 않은가?

작은 시작이 부동산 부자의 첫걸음이다.
Real estate is a tried means.

부동산은 검증된 부의 축적 수단입니다.

수백만 달러보다 더 중요한 건 헌신과 인내입니다.

지금 감당할 수 있는 걸 사고, 임대하고, 자라는 걸 지켜보세요.

첫 구매가 가장 어렵고, 동시에 가장 중요합니다.

작게 시작해서, 한 걸음씩 차근차근 키워가세요.

Real estate is a proven way to build wealth.

You don't need millions but commitment and patience.

Buy what you can afford, rent it, watch it grow.

Your first purchase is hardest and most important.

Start small and build from there step by step.

부자는 종목보다
자산 배분을 먼저 고민한다.
Asset allocation is the
most important decision.

돈을 어디에 배분하느냐가 투자에서 가장 중요합니다.
주식, 채권, 현금에 얼마나 넣느냐가 전체 결과를 좌우하죠.
수익의 90%는 이 결정에서 나옵니다.
개별 종목을 고르기 전에, 먼저 자산 조합부터 제대로 하세요.
항상 '분산'이 '선택'보다 더 큰 차이를 만듭니다.

Where you put money matters most.
How much in stocks, bonds, cash decides everything.
Ninety percent of returns come from this choice.
Get the mix right first before picking stocks.
The spread matters more than individual picks always.

부자들의 머릿속은 증권사 화면이 아니라 믹서기에 가깝습니다. '삼성 vs 현대' 버튼을 두드리기 전에, 먼저 '주식, 채권, 현금 비율'이라는 레시피부터 섞습니다. 연구자들과 프로 투자자들이 수많은 포트폴리오를 들여다보고 알게 된 건, 결국 성과를 갈라놓는 건 개별 종목이 아니라 이 '비율 놀이'라는 사실입니다.

2008년처럼 시장이 반으로 쪼개지던 날, 주식 100%로 달리던 사람은 엘리베이터 줄이 끊어진 기분을 맛봤지만, 옆에서 주식, 채권을 적당히 섞어둔 사람은 같은 건물에서 한두 층만 내려갔다가 훨씬 빨리 올라왔습니다. 그래서 번스타인 스타일의 투자자들은 말합니다. "어떤 종목이 대박 날지 밤새 고민하기 전에, 내 인생에 맞는 '주식, 채권, 현금 비율'부터 정하라. 그게 진짜 게임의 룰이다."

리처드 번스타인 Richard Bernstein

뉴욕대학교에서 경제학과 MBA를 마친 뒤, 1980년대부터 메릴린치(Merrill Lynch)에서 리서치와 전략을 담당하며 월가의 대표적인 수석 투자전략가 중 한 명으로 자리 잡았습니다. 그는 수십 년간 기관 포트폴리오를 분석하면서 '개별 종목보다 주식, 채권, 현금 같은 자산 비중을 어떻게 정하느냐?'가 장기 성과에 훨씬 큰 영향을 미친다는 점을 강조했고, 학계 연구가 보여준 '성과 변동의 대부분이 자산배분 정책으로 설명된다.'는 결과를 투자자들에게 널리 알리는 데 중요한 역할을 했습니다.

2009년 메릴 린치를 떠난 뒤에는 리처드 버른스타인 어드바이저스를 설립해 자산 배분 중심의 전략을 운용하고 있으며, 지금도 ETF와 글로벌 자산군을 활용해 '종목 선택보다 자산 배분에 더 많은 에너지를 써야 한다.'는 메시지를 꾸준히 전하고 있습니다.

리처드 번스타인의 인사이트

어떤 주식을 사느냐보다 얼마나 분산하느냐가 10배 중요하다.
Stock picking is important, but diversification is everything.

수익의 90%는 자산 배분에서 결정된다.
Asset allocation drives 90% of your returns.

오늘의 질문

오늘 나는 자산을 어떻게 '배분'했는가?

종목 선택에만 집중하며 자산 배분을 소홀히 하고 있지는 않은가?

부자는 종목보다 자산 배분을 먼저 고민한다.
Asset allocation is the most important decision.

돈을 어디에 배분하느냐가 투자에서 가장 중요합니다.

주식, 채권, 현금에 얼마나 넣느냐가 전체 결과를 좌우하죠.

수익의 90%는 이 결정에서 나옵니다.

개별 종목을 고르기 전에, 먼저 자산 조합부터 제대로 하세요.

항상 '분산'이 '선택'보다 더 큰 차이를 만듭니다.

Where you put money matters most.

How much in stocks, bonds, cash decides everything.

Ninety percent of returns come from this choice.

Get the mix right first before picking stocks.

The spread matters more than individual picks always.

부자는 사고팔기보다 기다림으로 돈을 번다.
Money is made by sitting, not trading.

내가 큰돈을 번 건, 똑똑한 생각 때문이 아니었습니다.
언제나 인내심 있게 '가만히 있었기' 때문이었죠.
진짜 돈은 끊임없는 매매가 아니라 '기다림'에서 나옵니다.
투자에서 가장 어려운 일은, 아무것도 안 하는 것입니다.
그저 조용히 앉아, 이익이 스스로 자라도록 두세요.

It was never my thinking that made big money.
It was always my sitting and waiting patiently.
Real money comes from waiting, not trading constantly.
The hardest thing is doing nothing at all.
Sit tight and let profits grow by themselves.

부자들은 매일 매매 버튼을 누르는 사람이 아니라, 좋은 자리에 오래 앉아 있는 사람이라는 걸 압니다. 제시 리버모어는 초단기 트레이딩으로 유명했지만, 정작 본인은 "정말 큰돈을 벌게 해 준 건 사고파는 행동이 아니라, 그 후에 가만히 있었던 시간들."이라고 고백했습니다. 1907년, 1929년 같은 대폭락 전에 미리 포지션을 잡고 몇 달 동안 시세 변동에 흔들리지 않고 버텼을 때, 그는 당시 기준으로 천문학적인 수익을 올렸습니다.
그래서 현명한 부자들은 매일 거래로 스릴을 찾기보다, 힘들게 찾아낸 좋은 포지션을 몇 달, 몇 년씩 잡고 가는 인내에 진짜 수익의 비밀이 숨어 있다고 믿습니다.

제시 리버모어 Jesse Livermore

1877년 매사추세츠의 가난한 농가에서 태어나 14세에 집을 떠나 보스턴 증권사에서 주가를 칠판에 쓰는 보드 보이로 일하며 시세 패턴을 관찰하기 시작했습니다. 15세 첫 거래에서 3달러가량의 이익을 거둔 뒤, 20세 무렵에는 약 1만 달러를 모아 뉴욕으로 건너가 본격적인 트레이더로 활동했습니다. 1907년 공황과 1929년 대공황 때에는 시장이 과열 붕괴하는 흐름을 읽고 대규모 공매도 포지션을 구축해, 특히 1929년에는 약 1억 달러에 달하는 거액을 벌어 '월스트리트의 전설'로 불렸습니다.

그는 저서 《어느 주식투자자의 회상》에서 '큰돈을 벌게 해 준 것은 머리를 굴린 순간이 아니라, 옳은 포지션을 잡은 뒤 꾹 참고 앉아 있었던 시간들'이라고 말하며 매매 기술보다 인내심을 핵심 교훈으로 남겼습니다. 하지만 동시에 레버리지와 감정 조절 실패로 여러 차례 재산을 잃었고, 1940년 63세에 스스로 생을 마감하는 비극적 결말을 맞았습니다.

제시 리버모어의 인사이트

매일 거래하는 사람은 가난하고, 10년 보유하는 사람은 부자다.
Trade daily, stay broke. Hold long, build wealth.

큰돈은 전략이 아니라 인내에서 나온다.
Wealth is built on patience, not strategy.

오늘의 질문

오늘 나는 얼마나 앉아 있었는가?

_____

잦은 거래로 수익을 깎아먹고 있지는 않은가?

_____

부자는 사고팔기보다
기다림으로 돈을 번다.
Money is made by sitting,
not trading.

내가 큰돈을 번 건, 똑똑한 생각 때문이 아니었습니다.

언제나 인내심 있게 '가만히 있었기' 때문이었죠.

진짜 돈은 끊임없는 매매가 아니라 '기다림'에서 나옵니다.

투자에서 가장 어려운 일은, 아무것도 안 하는 것입니다.

그저 조용히 앉아, 이익이 스스로 자라도록 두세요.

It was never my thinking that made big money.

It was always my sitting and waiting patiently.

Real money comes from waiting, not trading constantly.

The hardest thing is doing nothing at all.

Sit tight and let profits grow by themselves.

부자는 많이 하지 않고, 제대로 한다.
Make every detail perfect,
but limit the number.

모든 디테일을 완벽하게 하되, 디테일 자체는 줄이세요.
가장 중요한 몇 가지에만 깊게 집중하세요.
세 가지를 탁월하게 해내는 것이, 열 가지를 대충 하는 것보다 낫습니다.
모든 걸 하려 하지 말고, 소수의 것에 완벽을 추구하세요.
'적게, 하지만 잘'이 결국 '많이, 하지만 대충'보다 항상 이깁니다.

Make every detail perfect but limit the details.
Focus hard on just a few critical things.
Excellence in three beats average in ten always.
Don't try doing everything, do few things perfectly.
Less done well wins over more done badly.

부자들은 포트폴리오를 넓게 뿌리는 사람이 아니라, 칼같이 찍어 누르는 사람에 가깝습니다. 잭 도시는 트위터를 만들 때 '이 세상 모든 기능'이 아니라 '140자짜리 한 줄'만 붙들고 싸웠습니다. 사진도, 동영상도, 온갖 메뉴도 뒤로 미루고, 사람들의 생각 한 줄이 실시간으로 흘러가는 그 느낌 하나에만 집중했습니다. 결국 그 한 줄이 정치, 사회, 혁명을 움직이는 무대가 됐습니다. 워런 버핏과 피터 틸이 말하는 집중도 비슷한 결입니다. 버핏의 자산 중 진짜 힘을 쓰는 건 소수의 핵심 종목이고, 틸은 "정말 확신이 있으면 여러 군데 살살 뿌리지 않는다."는 식으로, 분산보다 집중 쪽에 몸을 싣습니다. 이들의 공통된 메시지는 단순합니다. "100개를 얕게 아는 사람보다, 10개를 끝까지 파는 사람이 판을 바꾼다." 적게, 그러나 깊게. 그게 결국 복리를 터뜨리는 방식입니다.

잭 도시 Jack Dorsey

1976년 미국 미주리주 세인트루이스에서 태어나, 10대 때 택시 배차 소프트웨어를 직접 프로그래밍해 실제 회사들이 쓰게 만들 만큼 일찍부터 코드에 빠져 있었습니다. 뉴욕대학교 재학 중 중퇴 후 캘리포니아로 옮겨 디스패치 소프트웨어 회사를 운영하다가, 이 경험을 바탕으로 2000년 무렵 '실시간으로 상태를 공유하는 짧은 메시지 서비스' 아이디어를 구상했고, 2005~2006년 팟캐스팅 회사 오데오에서 이 아이디어를 구현해 공동창업한 서비스가 바로 트위터입니다.

2006년 런칭한 트위터는 140자라는 제한 속에 상태를 공유하는 단순한 기능에 집중했고(이후 280자로 확대), 도시는 2007~2008년, 그리고 2015~2021년 두 차례 CEO를 맡았습니다. 그는 2009년에는 모바일 결제 회사 스퀘어(현 Block)를 공동창업해 핀테크 혁신을 이끌었고, 한동안 트위터와 스퀘어의 CEO를 동시에 맡으며, 이후에는 블록을 통해 비트코인과 금융 포용에 집중하는 대표적인 크립토, 핀테크 기업가로 활동하고 있습니다.

잭 도시의 인사이트

100가지를 평범하게 하지 말고, 3가지를 완벽하게 하라.
Be great at 3, not average at 100.

집중이 복리를 극대화한다.
Compounding works best with focus.

오늘의 질문

오늘 나는 몇 가지에 집중했는가?

너무 많은 것을 하려다 아무것도 제대로 못하고 있지는 않은가?

부자는 많이 하지 않고, 제대로 한다.
Make every detail perfect,
but limit the number.

모든 디테일을 완벽하게 하되, 디테일 자체는 줄이세요.

가장 중요한 몇 가지에만 깊게 집중하세요.

세 가지를 탁월하게 해내는 것이, 열 가지를 대충 하는 것보다 낫습니다.

모든 걸 하려 하지 말고, 소수의 것에 완벽을 추구하세요.

'적게, 하지만 잘'이 결국 '많이, 하지만 대충'보다 항상 이깁니다.

Make every detail perfect but limit the details.

Focus hard on just a few critical things.

Excellence in three beats average in ten always.

Don't try doing everything, do few things perfectly.

Less done well wins over more done badly.

부자는 시장을 이기려 하지 않고, 시장을 그대로 가진다.
Blindfolded monkey can select portfolio.

눈을 가린 원숭이도 전문가처럼 주식을 고를 수 있습니다.
시장은 똑똑하며, 가격은 이미 모든 정보를 반영하고 있습니다.
인덱스 펀드를 활용해 시장 수익률을 그대로 따라가세요.
시장과 싸우려 들지 말고, 그냥 함께 가세요.
무작위 선택이 비싼 전문가의 조언보다 나을 때도 많습니다.

A blindfolded monkey picks stocks like experts do.
Markets are smart and prices reflect all information.
Use index funds to match market returns easily.
Don't fight the market, just join it.
Random picks often beat expensive expert advice.

부자들은 시장을 이기려 하지 않고 시장을 따라갑니다. 유진 파마는 충격적인 실험을 했습니다. 눈을 가린 원숭이에게 다트를 던지게 했습니다. 다트가 맞은 주식으로 포트폴리오를 만들었습니다. 동시에 월스트리트 최고 애널리스트들이 고른 포트폴리오와 비교했습니다. 10년 후 결과는 원숭이와 애널리스트의 수익률이 거의 같았습니다.

이유는 시장은 이미 모든 정보를 가격에 반영하기 때문입니다. 삼성전자의 실적, 전망, 리스크. 이미 주가에 다 들어가 있습니다. 당신이 알아낸 정보는 이미 시장이 알고 있습니다. 파마는 2013년 노벨경제학상을 받으며 "시장을 이기려 하지 마라. 시장을 사라."라고 말했습니다.

부자는 종목 선택에 시간 쓰지 않습니다. S&P 500, 코스피 200 인덱스를 삽니다. 시장 전체를 소유합니다. 가장 단순하지만 가장 강력한 전략입니다.

유진 파마 Eugene Fama

1939년 보스턴 출생으로, 터프츠대에서 경제학을 공부하고 시카고대에서 박사를 받은 뒤 1960년대부터 시카고대 부스에서 50년 넘게 금융경제학을 가르친 학자입니다. 그는 대규모 주가 데이터를 분석해 효율적 시장 가설과 1970년 논문을 통해 '공개 정보는 빠르게 가격에 반영되고, 대부분의 액티브 펀드는 장기적으로 시장을 이기기 어렵다.'는 사실을 보여주었으며, 이 통찰은 인덱스 투자와 디멘셔널 펀드 어드바이저스 같은 운용사의 전략적 자산배분 철학의 기초가 되었습니다.

2013년 자산가격 연구 공로로 노벨경제학상을 수상한 이후에도 시카고대 명예교수로 활동하며, 개별 종목 발굴보다는 시장 전체를 저비용으로 보유하는 방식이 다수 투자자에게 합리적이라는 메시지를 계속 전하고 있습니다

유진 파마의 인사이트

종목 선정에 시간 쓰지 말고, 시장 전체를 사라.
Stop picking stocks. Own the whole market instead.

시장은 당신보다 똑똑하다.
The market's smarter than you. Accept it.

오늘의 질문

오늘 나는 시장을 어떻게 따랐는가?

시장을 이기려는 헛된 노력으로 시간과 돈을 낭비하고 있지는 않은가?

부자는 시장을 이기려 하지 않고, 시장을 그대로 가진다.
Blindfolded monkey can select portfolio.

눈을 가린 원숭이도 전문가처럼 주식을 고를 수 있습니다.

시장은 똑똑하며, 가격은 이미 모든 정보를 반영하고 있습니다.

인덱스 펀드를 활용해 시장 수익률을 그대로 따라가세요.

시장과 싸우려 들지 말고, 그냥 함께 가세요.

무작위 선택이 비싼 전문가의 조언보다 나을 때도 많습니다.

A blindfolded monkey picks stocks like experts do.

Markets are smart and prices reflect all information.

Use index funds to match market returns easily.

Don't fight the market, just join it.

Random picks often beat expensive expert advice.

Lesson 5

완성

진정한 부는
숫자를 넘어선다

부자는 태어난 운명을 탓하지 않는다.
Dying poor is your fault.

가난하게 태어나는 건 당신 잘못이 아닙니다.
하지만 가난하게 죽는 건 당신의 선택이고, 책임입니다.
배움, 노력, 그리고 선택은 모두 당신의 몫입니다.
변명 대신 책임을 지고, 스스로 부를 만들어가세요.
당신의 미래는, 오직 당신이 만들 수도 있고 망칠 수도 있습니다.

Being born poor is not your fault.
But dying poor is your choice and fault.
You control your education, effort, and decisions.
Take responsibility and build your own wealth.
Your future is yours to make or break.

부자들은 가난이 운명이 아니라 결정하고 선택이라는 것을 압니다. 빌 게이츠는 중산층 가정에서 태어났습니다. 특별히 부유하지 않았습니다. 하지만 그는 선택했습니다. 13세에 컴퓨터를 배우기로. 도서관에서 밤늦게까지 프로그래밍을 공부하기로. 하버드를 중퇴하고 창업하기로. 모두 그의 선택이었습니다.

20년 후 그는 세계 최고 부자가 되었습니다. 반면 같은 동네에서 자란 친구들은? "운이 없어서.", "부모가 가난해서.", "기회가 없어서."라며 변명했습니다. 여진히 가난했습니다. 게이츠는 말합니다.

"가난하게 태어난 건 당신 잘못이 아니다. 하지만 가난하게 죽는 건 당신 선택이다."

부자는 환경을 탓하지 않습니다. 교육을 선택하고, 노력을 선택하고, 성장을 선택합니다. 오늘부터 변명을 멈추세요. 책임지고 선택하세요. 당신의 미래는 당신 것입니다.

빌 게이츠 Bill Gates

1955년 시애틀의 중산층 가정에서 태어나 레이크사이드 스쿨에서 13세에 컴퓨터를 처음 접했습니다. 폴 앨런과 함께 방과 후 컴퓨터실에서 밤새 프로그래밍을 배웠고, 17세에 첫 회사 Traf-O-Data를 창업해 교통 데이터 분석 프로그램을 팔았습니다. 1973년 하버드대학에 입학했지만 컴퓨터에 대한 열정을 포기할 수 없었고, 1975년 폴 앨런과 함께 마이크로소프트를 창립하며 하버드를 중퇴했습니다. '가난하게 태어난 건 당신 잘못이 아니다. 하지만 가난하게 죽는 건 당신 선택이다.'라는 철학으로 교육과 노력의 중요성을 강조했습니다.

1981년 IBM과 MS-DOS 계약을 체결하며 PC 시장을 장악했고, 1985년 윈도우를 출시해 개인용 컴퓨터 혁명을 주도했습니다. 1986년 마이크로소프트를 상장시켰고, 31세에 억만장자가 되었습니다. 2000년 빌&멜린다 게이츠 재단을 설립했고, 2008년 마이크로소프트 일상 업무에서 물러나 자선 활동에 전념했습니다. 워런 버핏과 함께 '기빙 플레지'를 창립해 전 세계 억만장자들이 재산의 절반 이상을 기부하도록 독려했습니다. 70세인 지금도 "책임지고 선택하라."는 메시지로 다음 세대를 격려하고 있습니다.

빌 게이츠의 인사이트

가난은 운명이 아니라 선택이다.
Being poor isn't destiny. It's decisions.

환경을 탓하지 말고, 선택을 바꿔라.
Your life won't change until your choices do.

오늘의 질문

오늘 나는 어떤 변명을 멈췄는가?

환경을 핑계 삼아 성장의 기회를 놓치고 있지는 않은가?

부자는 태어난 운명을 탓하지 않는다.
Dying poor is your fault.

가난하게 태어나는 건 당신 잘못이 아닙니다.

하지만 가난하게 죽는 건 당신의 선택이고, 책임입니다.

배움, 노력, 그리고 선택은 모두 당신의 몫입니다.

변명 대신 책임을 지고, 스스로 부를 만들어가세요.

당신의 미래는, 오직 당신이 만들 수도 있고 망칠 수도 있습니다.

Being born poor is not your fault.

But dying poor is your choice and fault.

You control your education, effort, and decisions.

Take responsibility and build your own wealth.

Your future is yours to make or break.

부자는 살아서 나눈다.
Giving while living.

나는 '살아서 주는 것'을 깊이 믿습니다.
당신의 나눔이 어떤 변화를 만드는지 직접 보고, 감사도 느낄 수 있죠.
지금 주세요. 지금 결과를 보세요. 지금 세상을 바꾸세요.
죽은 뒤가 아니라, 살아 있을 때 나누는 게 진짜입니다.
살아서 베푸는 것만이, 당신의 돈이 사람을 돕는 모습을 직접 보여줍니다.

I believe strongly in giving while living.
You can see the impact and feel gratitude.
Give now, see results now, make difference now.
Don't wait until you're dead to give.
Living giving lets you watch your money help.

부자들은 '죽어서 이름만 남기는 기부'보다, 살아 있을 때 눈으로 보는 기부가 더 짜릿하다는 걸 압니다. 척 피니는 공항 면세점 기업 DFS를 공동 창업해 거대한 부를 쌓았지만, 평생 모은 80억 달러 이상을 거의 모두 기부하는 쪽을 선택했습니다. 대부분의 억만장자들은 재산을 쌓아두고 죽은 후 재단을 만듭니다. 하지만 피니는 달랐습니다.

"살아 있을 때 주고 그 결과를 직접 보고 싶다."

그는 비밀리에 기부하기 시작했습니다. 코넬대학에 누적 약 10억 달러를 기부했습니다. 캠퍼스가 새로 지어졌습니다. 그는 개교식에 참석해 학생들을 봤습니다. 베트남 공공의료, 병원, 보건 인프라에 약 2억7000만 달러를 기부했고 직접 방문해 치료받는 환자들을 만났습니다. 아일랜드 대학들에 8억 유로를 기부했습니다. 졸업생들이 감사 편지를 보냈습니다. 그는 말합니다.

"이것이 진짜 기쁨이다. 살아서 보는 것이다."

부자는 상속 계획만 세우지 않습니다. 지금 베풉니다. 살아서 변화를 봅니다. 그것이 진짜 행복입니다.

척 피니 Chuck Feeney

1931년 뉴저지 엘리자베스에서 아일랜드계 노동자 가정의 아들로 태어나, 장학금과 GI Bill 덕분에 코넬대를 졸업한 뒤 프랑스에서 미군을 상대로 면세 주류를 파는 사업을 시작했고, 1960년에는 로버트 밀러와 함께 공항 면세점 기업 듀티 프리 쇼퍼스(DFS)를 설립해 막대한 부를 쌓았습니다. 1980년대 초 '살아 있을 때 베푸는 것(Giving While Living)'이라는 철학 아래 자신의 DFS 지분 대부분을 비밀리에 애틀랜틱 필란스로피스에 넘기고, 이후 LVMH에 DFS 지분이 매각되면서 재단은 거액의 자금을 확보해 코넬대, 아일랜드·베트남·남아프리카 등의 대학·병원·공익 프로젝트에 총 80억 달러 이상을 기부했습니다.

그는 수십억 달러를 움직이면서도 약 10달러짜리 시계를 차고 샌프란시스코의 임대 아파트에서 살며, 개인 자산으로는 약 200만 달러만 남긴 채 2016년 애틀랜틱의 마지막 기부를 끝냈고, 2023년 92세로 세상을 떠나 '살아서 다 주고 떠난 80억 달러 기부자'라는 전무후무한 기록을 남겼습니다.

척 피니의 인사이트

죽어서 주는 기부보다, 살아서 보는 기부가 더 의미 있다.
Giving after death is charity. Giving in life is impact.

진짜 기쁨은 변화를 직접 보는 데 있다.
True joy comes from witnessing the impact.

오늘의 질문

오늘 나는 누구에게 무엇을 베풀었는가?

죽은 후를 생각하며 지금 할 수 있는 나눔을 미루고 있지는 않은가?

부자는 살아서 나눈다.
Giving while living.

나는 '살아서 주는 것'을 깊이 믿습니다.

당신의 나눔이 어떤 변화를 만드는지 직접 보고, 감사도 느낄 수 있죠.

지금 주세요. 지금 결과를 보세요. 지금 세상을 바꾸세요.

죽은 뒤가 아니라, 살아 있을 때 나누는 게 진짜입니다.

살아서 베푸는 것만이, 당신의 돈이 사람을 돕는 모습을 직접 보여줍니다.

I believe strongly in giving while living.

You can see the impact and feel gratitude.

Give now, see results now, make difference now.

Don't wait until you're dead to give.

Living giving lets you watch your money help.

부자는 죽기 전에 다 나눈다.
Die rich dies disgraced.

부자로 죽는 사람은 불명예스럽게 죽는 것입니다.
돈은 관 속에선 아무런 가치가 없습니다.
당신의 부를 세상의 문제를 해결하고, 사람들을 돕는 데 사용하세요.
죽을 때까지 쌓아두기만 한다면, 그건 진짜 부가 아닙니다.
쓰이지 않는 부는, 결국 완전히 낭비된 부일 뿐입니다.

He who dies rich dies disgraced.
Money has no value in a coffin.
Use your wealth to solve problems and help people.
Don't just hoard it until you die.
Wealth unused is wealth wasted completely.

부자들은 부자로 죽는 것이 불명예라는 것을 압니다. 존 아놀드는 언론에서 일하다가 헤지펀드를 창업했습니다. 30대에 수십억 달러를 벌었습니다. 38세에 은퇴했습니다. 친구들은 "이제 요트 사고 여행 다니겠네."라고 했습니다. 아놀드는 정반대로 했습니다. 헤지펀드를 그만둔 뒤, 자신이 모은 막대한 자산을 본격적으로 사회 문제 해결에 쓰기 시작했습니다. 교도소, 보석제도 개혁부터 과학 연구의 투명성, 공교육 혁신에 이르기까지 여러 영역에 걸쳐 이미 수십억 달러를 쏟아부었고, 앞으로도 남은 자산 대부분을 이런 공공 의제에 쓰겠다고 밝히고 있습니다. 그는 앤드류 카네기의 말을 인용합니다.
"부자로 죽는 것은 불명예다."
왜냐하면 돈은 무덤에서 아무 가치가 없기 때문입니다. 부자는 통장 잔고를 높이려 하지 않습니다. 생전에 최대한 많은 문제를 해결하려 합니다. 당신도 쌓아두기만 하지 마세요. 살아 있을 때 의미 있게 쓰세요. 그것이 진짜 성공입니다.

존 아놀드 John Arnold

1974년 텍사스에서 태어나 밴더빌트대에서 수학과 경제학을 전공한 뒤, 1995년 엔론에 입사해 천연가스 트레이더로 일하며 20대 후반에 이미 월가에서 가장 성공한 젊은 트레이더 중 한 사람이 되었습니다. 2002년 자신의 자금으로 에너지 헤지펀드 센타우러스 어드바이저스를 세워 2000년대 중반 천연가스 거래로 수십억 달러 규모의 이익을 올렸고, 2012년 38세에 외부 자금 운용에서 은퇴한 뒤에는 아내와 함께 설립한 로라 앤 존 아놀드 파운데이션(현 아놀드 벤처)을 통해 형사사법 개혁, 과학연구의 재현성과 투명성, 공교육·보건 정책 등 '시스템을 고치는' 프로젝트에 수십억 달러를 투입하는 필란트로피에 집중하고 있습니다.

그는 기빙 플레저에 서명해 평생 동안 재산 대부분을 사회에 환원하겠다고 약속했으며, 더 이상 자신의 성공을 통장 잔고가 아니라 해결하려 애쓴 공공 문제의 크기로 측정하려는 억만장자 기부자의 대표 사례로 자주 언급됩니다.

존 아놀드의 인사이트

통장 잔고로 죽지 말고, 좋은 일로 기억되며 죽어라.
Die remembered for good, not your bank balance.

돈은 무덤에서 아무 가치가 없다.
Cash has no value after you're gone.

오늘의 질문

오늘 나는 돈을 어떻게 의미 있게 썼는가?

쌓아두기만 하고 돈의 진짜 가치를 놓치고 있지는 않은가?

부자는 죽기 전에 다 나눈다.
Die rich dies disgraced.

부자로 죽는 사람은 불명예스럽게 죽는 것입니다.

돈은 관 속에선 아무런 가치가 없습니다.

당신의 부를 세상의 문제를 해결하고, 사람들을 돕는 데 사용하세요.

죽을 때까지 쌓아두기만 한다면, 그건 진짜 부가 아닙니다.

쓰이지 않는 부는, 결국 완전히 낭비된 부일 뿐입니다.

He who dies rich dies disgraced.

Money has no value in a coffin.

Use your wealth to solve problems and help people.

Don't just hoard it until you die.

Wealth unused is wealth wasted completely.

부자는 돈보다 사람됨을 먼저 챙긴다.
Money brings out the basic traits.

돈은 당신 내면의 진짜 모습을 보여줍니다.
나쁜 사람은 수십억을 가져도 여전히 나쁩니다.
돈은 사람을 바꾸지 않고, 본성을 드러낼 뿐입니다.
부를 쌓기 전에, 먼저 좋은 성품부터 갖추세요.
더 많은 돈은 당신을 '더 당신답게' 만들 뿐입니다.

Money shows who you really are inside.
Bad people stay bad even with billions.
Money doesn't change you, it reveals you.
Build good character before you build wealth.
More money just makes you more of yourself.

부자들은 돈이 성격을 바꾸는 게 아니라 드러낸다는 것을 압니다. 레이 크록은 52세에 맥도날드를 인수했습니다. 그 전에는 밀크셰이크 기계 판매원이었습니다. 재정적으로 크게 여유 있지 않았습니다. 하지만 정직하고 근면했습니다. 억만장자가 된 후에도 똑같았습니다. 매일 아주 이른 시간에 일어나 매장을 자주 방문했고 직원들과 대화했습니다. 반면 크록은 많은 부자들을 봤습니다. 가난할 때 이기적이던 사람은 부자가 되어서도 이기적이었습니다. 가난할 때 거짓말하던 사람은 부자가 되어서도 거짓말했습니다. 크록은 말합니다.
"돈은 성격을 바꾸지 않는다. 진짜 모습을 드러낼 뿐이다."
부자는 돈을 벌기 전에 인격을 먼저 만듭니다. 지금 작은 것에 정직하지 않으면, 큰 것을 가져도 정직하지 않을 것입니다. 그래서 좋은 투자자와 기업가는 큰돈을 벌기 전에 먼저 작은 일에서의 성실함과 정직함부터 점검해야 한다고 말하곤 합니다

레이 크록 Ray Kroc

1902년 시카고에서 체코계 이민자 부모 밑에 태어나 15세에 학교를 그만두고 적십자 구급차 운전병으로 훈련받는 등 어린 나이부터 생업 전선에 뛰어든 인물입니다. 재즈 피아니스트, 종이컵 판매원, 부동산 영업 등을 거쳐 1930년대에 밀크세이크 믹서를 팔던 그는 1954년 52세에 캘리포니아 샌버나디노의 맥도날드 형제 가게를 방문해 효율적인 시스템에 매료되었고, 1955년 일리노이 데스플레인에 첫 맥도날드 프랜차이즈를 연 뒤 '품질·서비스·청결·가치'를 내세워 회사를 키웠습니다. 1961년에는 약 270만 달러에 맥도날드 형제로부터 회사를 인수했습니다.

이후 그는 매장을 자주 직접 돌며 운영 디테일을 챙기고, 1970년대에는 로널드 맥도날드 하우스 프로그램을 통해 아픈 어린이 가족 지원에도 관여했으며, 1984년 81세로 캘리포니아에서 세상을 떠난 뒤 '50대 이후에도 집요함과 실행력으로 세계적인 브랜드를 만든 기업가'로 기억되고 있습니다.

레이 크록의 인사이트

돈은 성격을 바꾸지 않고, 진짜 성격을 드러낸다.
Money doesn't change you. It shows who you are.

지금 좋은 사람이 되라, 돈은 당신을 바꾸지 않는다.
Be good now. Money won't make you better."

오늘의 질문

오늘 나는 어떤 좋은 성품을 보였는가?

_____

돈을 벌면 달라질 것이라 생각하며 지금의 인격을 소홀히 하고 있지는 않은가?

_____

부자는 돈보다 사람됨을 먼저 챙긴다.
Money brings out the basic traits.

돈은 당신 내면의 진짜 모습을 보여줍니다.

나쁜 사람은 수십억을 가져도 여전히 나쁩니다.

돈은 사람을 바꾸지 않고, 본성을 드러낼 뿐입니다.

부를 쌓기 전에, 먼저 좋은 성품부터 갖추세요.

더 많은 돈은 당신을 '더 당신답게' 만들 뿐입니다.

Money shows who you really are inside.

Bad people stay bad even with billions.

Money doesn't change you, it reveals you.

Build good character before you build wealth.

More money just makes you more of yourself.

부자는 관계가 운명을 바꾼다는 걸 안다.
Average of five people.

당신은 가장 가까운 다섯 사람의 평균입니다.
당신의 습관과 성공은 그들과 놀라울 만큼 닮아 있습니다.
불평하는 사람들 대신, 성장하고 성공하는 사람들과 함께하세요.
누구와 함께하느냐가 결국 당신의 방향을 정합니다.
당신의 친구를 보여주세요. 그러면 나는 당신의 미래를 보여드리겠습니다.

You are the average of five people closest to you.
Your success and habits reflect theirs directly.
Surround yourself with winners, never complainers.
Choose your circle wisely and carefully.
Show me your friends and I show your future.

부자들은 '넌 네가 가장 많이 어울리는 다섯 사람의 평균'이라는 짐 론의 말을 진지하게 받아들입니다. 론은 젊은 시절 실패와 빚으로 바닥을 찍었을 때, 늘 불평과 변명만 늘어놓는 사람들 사이에 둘러싸여 있었다고 회고합니다. 그가 세미나에 나가 멘토를 찾고, 독서 모임과 새로운 인간관계를 통해 '내가 되고 싶은 사람들' 곁으로 자리를 옮기자, 몇 년 뒤 그의 수입과 생활 방식도 완전히 달라졌습니다.

실제 연구들 역시 우리가 자주 어울리는 사람들의 건강 습관·체중·태도·성취 수준이 내 행동과 결과에 강하게 영향을 미친다는 사실을 보여줍니다. 그래서 현명한 사람들은 운이 좋아지기만 기다리지 않고, 먼저 자기 주변의 사람부터 전략적으로 고릅니다. 오늘 당신 곁에 있는 다섯 사람을 보면, 몇 년 후의 당신이 어렴풋이 보이기 때문입니다.

짐 론 Jim Rohn

1930년 아이다호 농장에서 태어나 가난하게 자랐고, 대학을 중퇴한 뒤 캘리포니아에서 세일즈 일을 하다가 20대 중반 심각한 재정난을 겪었다는 자기 고백으로 잘 알려져 있습니다. 1950년대 중반 사업가 얼 쇼프의 세미나를 계기로 멘토십을 받으며 영업 조직에 합류해 몇 년 안에 큰 경제적 성공을 거두었고, 이후 '당신은 가장 많이 시간을 보내는 다섯 사람의 평균이다.'라는 문구를 핵심 메시지로 삼아 수십 년간 수천 회의 강연과 여러 저서를 통해 토니 로빈스 등 수많은 자기계발 강연가와 대중에게 영향을 미친 인물입니다. 40년간 6,000회 이상의 세미나를 진행했고, 책과 오디오·비디오 프로그램을 합쳐 17개가 넘는 작품을 남겼습니다. 2009년 79세로 세상을 떠났지만, '환경을 전략적으로 선택하라.'는 그의 철학은 자기계발의 핵심 원칙이 되었습니다.

짐 론의 인사이트

주변 5명이 가난하면 당신도 가난하고, 부자면 당신도 부자가 된다.
Spend time with five broke people, you'll be the sixth. Same with the rich.

환경을 전략적으로 선택하라.
Your environment is your strategy. Pick it well.

오늘의 질문

오늘 나는 누구와 시간을 보냈는가?

성장을 가로막는 환경에 머물며 변명하고 있지는 않은가?

부자는 관계가 운명을 바꾼다는 걸 안다.
Average of five people.

당신은 가장 가까운 다섯 사람의 평균입니다.

당신의 습관과 성공은 그들과 놀라울 만큼 닮아 있습니다.

불평하는 사람들 대신, 성장하고 성공하는 사람들과 함께하세요.

누구와 함께하느냐가 결국 당신의 방향을 정합니다.

당신의 친구를 보여주세요. 그러면 나는 당신의 미래를 보여드리겠습니다.

You are the average of five people closest to you.

Your success and habits reflect theirs directly.

Surround yourself with winners, never complainers.

Choose your circle wisely and carefully.

Show me your friends and I show your future.

부자는 건강을 최우선 자산으로 여긴다.
Your body is your temple.

당신의 몸은 언제나 당신의 성전입니다.
건강이 없으면, 아무리 많은 돈도 소용없습니다.
병원 침대에선 그 어떤 부도 즐길 수 없습니다.
무엇보다 먼저, 당신의 건강에 투자하세요.
'건강한 가난'은 '아픈 부자'보다 훨씬 낫습니다.

Your body is your temple always.
Without health, all wealth means nothing at all.
You can't enjoy money from a hospital bed.
Invest in your health first before anything else.
Healthy and broke beats sick and rich.

부자들은 건강이 가장 수익률 높은 투자라는 것을 압니다. 르브론 제임스는 20년이 넘는 시간 동안 NBA 최정상급에서 뛰고 있는, 거의 전례 없는 장수 선수입니다. 30대 후반, 40대 문턱에 서서도 20대 에이스들과 어깨를 나란히 하는 비결 중 하나로, 해마다 자신의 몸 관리에 7자리 수, 보통 약 150만 달러 정도를 쓴다는 이야기가 나올 만큼 트레이닝, 영양, 회복, 수면 관리에 엄청나게 투자해온 점이 자주 언급됩니다.

그 덕분에 그는 NBA 연봉만으로도 5억 달러 이상을 벌어 리그 역사상 처음으로 연봉 누적 5억 달러를 넘긴 선수가 되었고, 코트 밖 수입까지 합치면 이미 10억 달러를 넘는 자산을 가진 것으로 평가됩니다. 많은 재정·건강 전문가들이 이 사례를 두고, '투자 수익률이 가장 높은 자산은 결국 자신의 몸과 건강'이라는 점을 강조하며, 일반인에게도 비싼 금융상품보다 규칙적인 운동, 균형 잡힌 식사, 충분한 수면에 먼저 '투자'하라고 조언합니다.

르브론 제임스 LeBron James

르브론 제임스는 1984년 오하이오 애크런에서 10대 미혼모 밑에 태어나 가난과 잦은 이사를 겪었지만, 9살 무렵부터 농구에 몰두해 세인트 빈센트-세인트 메리 고교 시절 전국적인 스타가 되었고 2003년 NBA 드래프트 1순위로 클리블랜드에 지명되었습니다. 그는 '몸이 곧 자산'이라는 인식 아래 매년 약 150만 달러를 몸 관리에 투자하는 것으로 알려져 있으며, 전담 트레이너, 영양, 치료, 회복 시스템을 구축해 30대 후반까지도 최정상급 경기력을 유지하며 마이애미, 클리블랜드, LA 레이커스에서 여러 차례 우승을 차지했습니다. 고향 애크런에는 아이 프로미스 스쿨을 세워 취약계층 아이들을 지원하며, 건강과 자기 관리 없이는 부와 명예도 오래 누릴 수 없다는 메시지를 계속 전하고 있습니다.

르브론 제임스의 인사이트

건강을 잃으면 모든 부도 의미가 없다.
Without health, wealth means nothing.

건강 투자는 가장 수익률 높은 투자다.
No investment pays off like your health.

오늘의 질문

오늘 나는 건강을 위해 무엇을 했는가?

건강을 소홀히 하며 모든 부의 기반을 무너뜨리고 있지는 않은가?

부자는 건강을 최우선 자산으로 여긴다.
Your body is your temple.

당신의 몸은 언제나 당신의 성전입니다.

건강이 없으면, 아무리 많은 돈도 소용없습니다.

병원 침대에선 그 어떤 부도 즐길 수 없습니다.

무엇보다 먼저, 당신의 건강에 투자하세요.

'건강한 가난'은 '아픈 부자'보다 훨씬 낫습니다.

Your body is your temple always.

Without health, all wealth means nothing at all.

You can't enjoy money from a hospital bed.

Invest in your health first before anything else.

Healthy and broke beats sick and rich.

헨리 데이비드 소로 Henry David Thoreau

부자는 '시간을 뺏는 소비'를 멀리한다.
Price is the amount of
life you exchange.

모든 것의 진짜 가격은, 그것을 위해 당신이 바치는 인생입니다.
우리는 물건을 살 때, '돈'이 아니라 '시간'으로 지불합니다.
무언가를 사기 전, 이게 내 시간만큼의 가치는 있는지 꼭 스스로에게 물어보세요.
세상의 어떤 물건보다, 당신의 시간을 더 소중히 여기세요.
돈은 다시 벌 수 있지만, 시간은 결코 돌아오지 않습니다.

The price of anything is the life you trade for it.
When you buy something you pay with life hours.
Before buying, ask yourself: is this worth my time?
Value your time more than anything.
Money comes back but time never returns.

부자들은 물건의 진짜 가격은 돈이 아니라 시간이라는 것을 압니다. 헨리 소로는 1840년대 사람들을 관찰했습니다. 사람들은 물건을 사려고 평생 일했습니다. 큰 집, 비싼 옷, 화려한 마차. 하지만 그것을 즐길 시간은 없었습니다. 소로는 "이 사람은 집을 사려고 인생의 30년을 팔았다."는 결론을 내렸습니다. 그는 실제로 월든 호숫가의 10×15피트짜리 작은 집에서 2년 남짓 살며 지출을 극단적으로 줄이고, 최소한의 노동으로 생계를 유지하면서 나머지 시간은 독서, 산책, 사색에 썼고, 그 경험을 바탕으로 《월든》을 남겼습니다.
부자는 물건을 사기 전에 "이것을 사려면 몇 시간을 일해야 하지? 그 시간의 가치가 있나?" 하고 계산합니다. 100만 원짜리 가방은 40시간 노동입니다. 그 40시간이 가방보다 소중할 수 있습니다. 시간으로 생각하세요. 오늘날 재무와 미니멀리즘 글에서 "시간으로 가격을 환산해보라, 이 물건을 위해 내 삶의 몇 시간을 내줄 만한가?"라는 조언은 소로의 이 발상을 현대적으로 풀어 쓴 것입니다.

헨리 데이비드 소로 Henry David Thoreau

1817년 매사추세츠 콩코드에서 태어나 하버드를 졸업한 뒤 형과 학교를 운영했으나, 형의 파상풍 사망 후 학교를 접고 가족의 연필 공장에서 일했습니다. 에머슨을 통해 초월주의에 영향을 받은 그는 산업화 시대 사람들이 집과 물건을 위해 평생 노동에 묶이는 현실을 비판하며, 1845년 월든 호숫가에 28달러 12½센트로 오두막을 짓고 단순한 삶과 최소한의 노동을 실험했고, 그 경험을 1854년《월든》으로 발표했습니다. '어떤 것의 값은 그것을 위해 바쳐야 할 삶의 양'이라는 그의 생각은 오늘날 '물건의 진짜 가격은 시간'이라는 말로 자주 요약됩니다.

헨리 데이비드 소로의 인사이트

물건 값은 돈이 아니라 당신의 인생 시간이다.
The real price isn't money. It's your time."

시간으로 가격을 계산하라.
Measure cost in hours, not dollars.

오늘의 질문

오늘 나는 시간을 어디에 썼는가?

물건을 사기 위해 소중한 인생의 시간을 팔고 있지는 않은가?

부자는 '시간을 뺏는 소비'를 멀리한다.
Price is the amount of
life you exchange.

모든 것의 진짜 가격은, 그것을 위해 당신이 바치는 인생입니다.

우리는 물건을 살 때, '돈'이 아니라 '시간'으로 지불합니다.

무언가를 사기 전, 이게 내 시간만큼의 가치는 있는지 꼭 스스로에게

물어보세요.

세상의 어떤 물건보다, 당신의 시간을 더 소중히 여기세요.

돈은 다시 벌 수 있지만, 시간은 결코 돌아오지 않습니다.

The price of anything is the life you trade for it.

When you buy something you pay with life hours.

Before buying, ask yourself: is this worth my time?

Value your time more than anything.

Money comes back but time never returns.

부자는 이익보다 사람을 먼저 생각한다.
We're not selling coffee.
We're serving people.

우리는 커피를 파는 게 아니라, 사람을 대하는 일을 합니다.
이익보다 사람을 우선하면, 이익은 자연스럽게 따라옵니다.
진심 어린 존중과 배려는 진짜 충성심을 만들어냅니다.
사람과 인간 중심의 가치를 바탕으로 사업을 설계하세요.
사람을 잘 대하면, 성공은 따라오는 법입니다.

We are in the people business serving coffee.
When you value people over profits, profits follow naturally.
Respect and care create real loyalty always.
Build your business around people and humanity.
Treat people right and success takes care of itself.

부자들은 사람을 먼저 생각하면 이익은 저절로 따라온다는 것을 압니다. 브루클린 공공주택에서 자란 일곱 살 하워드 슐츠는, 트럭 운전사였던 아버지가 일하다 크게 다친 뒤 산재보상, 건강보험, 퇴직금도 없이 해고되는 장면을 눈앞에서 보았고, 훗날 '내가 만드는 회사의 사람들에게는 이런 일이 일어나지 않게 하겠다.'고 다짐했습니다.
1988년 스타벅스 CEO가 되자 즉시 파트타임 직원에게도 의료보험을 제공했습니다. 이사회는 "비용이 너무 많이 든다!"며 반대했지만 슐츠는 밀어붙였습니다. 직원 이탈률이 업계 평균의 절반이 되었고, 교육 비용이 줄었습니다. 대신 서비스 품질과 고객 충성도는 높아졌습니다. 20년 후 스타벅스는 세계 최대 커피 체인이 되었습니다.
부자는 사람을 비용으로 보지 않습니다. 자산으로 봅니다. 직원을 대접하세요. 고객을 존중하세요. 사람이 먼저입니다. 그러면 돈은 따라옵니다. 이런 사람 중심 전략이 낮은 이직률과 높은 서비스 품질, 강한 고객 충성도를 낳아 스타벅스를 세계 최대 커피 체인으로 성장시키는 보이지 않는 동력이 되었습니다.

하워드 슐츠 Howard Schultz

1953년 뉴욕 브루클린 공공주택에서 태어나, 건강보험과 퇴직금 없이 일하다 다친 아버지가 한순간에 소득을 잃는 장면을 7살에 목격했고, 이 경험이 '내가 만드는 회사의 사람들에게는 이런 일이 일어나지 않게 하겠다.'는 평생의 다짐이 되었다고 말합니다.

노던 미시간대학을 장학금으로 졸업한 뒤 세일즈맨으로 일하던 그는 1982년 시애틀의 작은 원두 회사 스타벅스에 리테일&마케팅 책임자로 합류했고, 1983년 밀라노에서 본 에스프레소 바 문화에서 영감을 받아 1987년 투자자들과 함께 약 380만 달러에 스타벅스를 인수했습니다. 그는 1988년 대형 소매업계로서는 이례적으로 파트타임 직원에게까지 건강보험과 이후 주식 보상 프로그램을 제공하며 '우리는 커피 비즈니스를 하는 것이 아니라 사람 비즈니스를 한다.'는 철학을 실천했고, 이런 사람 중심 전략과 공격적인 확장을 결합해 6~10여 개 매장이던 회사를 수만 개 매장을 가진 세계 최대 커피 체인, 시가총액 1,000억 달러가 넘는 기업으로 키웠다는 평가를 받습니다.

하워드 슐츠의 인사이트

사람을 먼저 생각하면, 이익은 저절로 따라온다.
Put people first, and profits will follow.

직원을 자산으로 봐라, 비용으로 보지 말고.
See your employees as assets, not expenses.

오늘의 질문

오늘 나는 누구를 진심으로 대했는가?

이익만 쫓으며 사람의 가치를 놓치고 있지는 않은가?

부자는 이익보다 사람을 먼저 생각한다.
We're not selling coffee.
We're serving people.

우리는 커피를 파는 게 아니라, 사람을 대하는 일을 합니다.

이익보다 사람을 우선하면, 이익은 자연스럽게 따라옵니다.

진심 어린 존중과 배려는 진짜 충성심을 만들어냅니다.

사람과 인간 중심의 가치를 바탕으로 사업을 설계하세요.

사람을 잘 대하면, 성공은 따라오는 법입니다.

We are in the people business serving coffee.

When you value people over profits, profits follow naturally.

Respect and care create real loyalty always.

Build your business around people and humanity.

Treat people right and success takes care of itself.

부자는 가장 먼저 자기 자신에게 투자한다.
Best investment is in yourself.

당신이 할 수 있는 최고의 투자는 '자기 자신'입니다.
교육, 기술, 건강은 평생 복리처럼 성장합니다.
시장 폭락도, 당신이 배운 것을 빼앗을 수는 없습니다.
스스로를 끊임없이 개발하고, 절대 멈추지 마세요.
당신은 당신의 '최고의 자산'입니다. 그러니 거기에 아낌없이 투자하세요.

The best investment you make is in yourself.
Education, skills, and health compound returns forever.
No market crash can take away what you learned.
Keep developing yourself constantly and never stop.
You are your greatest asset so invest there.

부자들은 자기 자신이 가장 수익률 높은 투자처라는 것을 압니다. 플로리다에서 팩스 기계를 문전세일즈하며 5,000달러를 모은 20대 후반의 사라 블레이클리는, 그 돈을 여행이나 소비가 아니라 자신의 아이디어와 지식에 통째로 베팅하기로 결심했습니다. 특허 법 책을 사서 독학하며 초안을 쓰고, 샘플 제작과 시험 생산에 돈을 쏟아부은 끝에 1998~2000년경 Spanx를 론칭했고, 직접 백화점 바이어를 찾아가 세일즈 기술로 입점과 오프라의 소개까지 끌어냈습니다.
외부 투자 없이 이 길을 밀어붙인 결과, Spanx는 10여 년 만에 수억 달러 매출을 올리는 브랜드로 성장했고, 블레이클리는 Forbes가 인정한 여성 자수성가 억만장자 가운데 한 명이 되면서 '주식보다 먼저 자기 역량과 아이디어에 투자하라.'는 상징적인 사례로 회자됩니다. 시장이 폭락해도 당신의 지식은 폭락하지 않습니다. 자기 투자가 최고의 투자입니다.

사라 블레이클리 Sara Blakely

사라 블레이클리는 1971년 플로리다에서 태어나 플로리다주립대에서 법조인을 꿈꾸었지만 LSAT
에 두 차례 떨어진 뒤 진로를 바꿉니다. 월트 디즈니 월드에서 잠깐 일한 후 7년간 팩스 기계를 도어
투 도어로 판매하며 5,000달러를 모았습니다. 1998년 발을 잘라 입은 팬티스타킹에서 착안한 아이
디어를 바탕으로, 샘플 제작과 특허 출원에 돈을 쏟아부어 2000년 Spanx를 론칭했습니다. 네이먼 마
커스 7개 매장 입점과 오프라 윈프리가 선정한 'Favorite Things'에 이름을 올려 브랜드를 폭발적으로
성장시키기도 했습니다.

외부 투자 없이 회사를 키운 그녀는 2012년 '포브스가선정한 최연소 여성 자수성가 억만장자'로 소개
되니다. 이후 블랙스톤에 지분 대다수를 매각하는 딜을 통해 수십억 달러 규모의 가치를 인정받았
으며, 기빙 플레지에 서명해 여성 기업가 지원에 적극적으로 기부하고 있습니다

사라 블레이클리의 인사이트

주식에 투자하기 전에, 자신에게 먼저 투자하라.
Invest in yourself before you invest in stocks.

시장이 폭락해도 지식은 폭락하지 않는다.
Markets may crash, but knowledge doesn't.

오늘의 질문

오늘 나는 나 자신에게 무엇을 투자했는가?

외부 투자에만 집중하며 가장 중요한 자기 자신을 놓치고 있지는 않은가?

부자는 가장 먼저 자기 자신에게 투자한다.
Best investment is in yourself.

당신이 할 수 있는 최고의 투자는 '자기 자신'입니다.

교육, 기술, 건강은 평생 복리처럼 성장합니다.

시장 폭락도, 당신이 배운 것을 빼앗을 수는 없습니다.

스스로를 끊임없이 개발하고, 절대 멈추지 마세요.

당신은 당신의 '최고의 자산'입니다. 그러니 거기에 아낌없이 투자하세요.

The best investment you make is in yourself.

Education, skills, and health compound returns forever.

No market crash can take away what you learned.

Keep developing yourself constantly and never stop.

You are your greatest asset so invest there.

부자는 매일 자신을 업그레이드한다.
Go to bed smarter.

매일 밤, 어제보다 조금 더 똑똑해진 채로 잠들어보세요.
읽고, 배우고, 생각하고, 성장하는 하루를 반복하세요.
작은 개선도 매일 쌓이면, 결국 놀라운 능력이 됩니다.
'매일 배우는 습관'을 당신만의 비밀 무기로 만드세요.
하루 1%씩 나아가면, 몇 년 후 기적 같은 변화가 찾아옵니다.

Every night go to bed a little smarter.
Read, learn, think, and grow every day.
Small daily improvements become big skills over time.
Make learning every day your secret weapon.
One percent better daily makes miracles in years.

부자들은 지식도 복리로 쌓인다는 것을 압니다. 월가에서 200억 달러를 운용하는 다니엘 로브는 숫자만 보는 펀드매니저가 아니라, 서재에서 칼을 가는 전략가처럼 통합니다. 그는 매일 밤 자기 전 반드시 한 가지를 합니다. 새로운 것을 배우며 새로운 산업을 연구합니다. 때로는 역사책을 읽고 철학을 공부합니다.

그는 30년간 매일 밤 1시간씩 배웠습니다. 계산해보세요. 30년 × 365일 × 1시간 = 10,950 시간. 전문가가 되기에 충분한 시간입니다. 로브는 그 지식으로 시장을 이겼습니다. 남들이 모르는 것을 알았기 때문입니다. 부자는 배움을 멈추지 않습니다. 매일 1% 더 현명해지면 1년 후 37.8배 더 현명해집니다. 이것이 지식의 복리입니다.

오늘 밤 자기 전 30분, 책을 읽으세요. 10년 후 당신은 다른 사람이 됩니다. 지식이 곧 부입니다.

다니엘 로브 Daniel Loeb

다니엘 로브는 1961년 캘리포니아 산타모니카에서 태어나 컬럼비아대에서 경제학을 전공했고, 워버그 핀커스 등에서 경력을 쌓은 뒤 1995년 약 340만 달러로 이벤트 드리븐·행동주의 헤지펀드 서드 포인트를 설립해 장기간 S&P 500을 웃도는 성과로 알려진 운용사로 키웠습니다. 야후·소니·시그나 같은 대형 기업에 투자해 공개 서한으로 경영 개선을 요구하며 명성을 얻었고, 2008년 금융위기 때 큰 손실을 겪은 뒤에도 회복해 현재 수십억~200억 달러 규모 자산을 운용하고 있습니다.

그뿐만 아니라 그는 철학, 역사, 문학 등 폭넓은 독서를 투자에 연결하는 스타일로 알려져 있습니다. 30년간 '매일 1시간 = 10,950시간'의 학습으로 남들이 모르는 통찰을 얻었고, 이것이 투자 우위가 되었습니다. 2000년대 야후, 소니, 시그나 등 대형 기업들에 투자하며 경영 개선을 요구하는 편지를 보냈고, 많은 경우 실제 변화를 이끌어냈습니다. 2008년 금융위기 때 40% 이상 손실을 입었지만 회복했고, 현재 Third Point는 200억 달러 이상을 운용하고 있습니다. 예술품 수집가로도 유명하며, 메트로폴리탄 미술관 이사로 활동하고 있습니다.

다니엘 로브의 인사이트

매일 1%씩 현명해지면, 10년 후 다른 세상이 펼쳐진다.
Improve 1% daily and your life will transform in 10 years.

지식도 복리로 쌓인다.
Knowledge compounds just like money.

오늘의 질문

오늘 밤 나는 무엇을 배웠는가?

배움을 멈추고 어제의 지식으로 내일을 살아가고 있지는 않은가?

부자는 매일 자신을 업그레이드한다.
Go to bed smarter.

매일 밤, 어제보다 조금 더 똑똑해진 채로 잠들어보세요.

읽고, 배우고, 생각하고, 성장하는 하루를 반복하세요.

작은 개선도 매일 쌓이면, 결국 놀라운 능력이 됩니다.

'매일 배우는 습관'을 당신만의 비밀 무기로 만드세요.

하루 1%씩 나아가면, 몇 년 후 기적 같은 변화가 찾아옵니다.

Every night go to bed a little smarter.

Read, learn, think, and grow every day.

Small daily improvements become big skills over time.

Make learning every day your secret weapon.

One percent better daily makes miracles in years.

부자는 많이 벌고, 많이 나눈다.
Religious duty to get all the money.

많은 돈을 버는 건 전혀 나쁜 일이 아닙니다.
그 돈을 혼자 독차지하려는 마음이 문제일 뿐이죠.
더 많이 벌수록, 더 많은 사람을 도울 수 있습니다.
돈을 버는 걸 부끄러워하지 말고, 나누지 않는 걸 부끄러워하세요.
'많이 벌어, 많이 주는 것' 그것이 진정한 부자의 길입니다.

Making lots of money is not bad at all.
Keeping it all for yourself is the bad part.
When you make more you can help more people.
Be ashamed of not giving, not of earning money.
Earn much to give much is true wealth.

부자들은 많이 벌어서 많이 주는 것이 책임이라는 것을 압니다. 존 C. 맥스웰은 목사로 시작했습니다. 교회 급여는 적었습니다. 하지만 그는 리더십 책을 쓰고 강연을 하며 돈을 벌기 시작했습니다. 어떤 사람들은 목사가 돈을 많이 벌면 안 된다며 비판했습니다. 이에 맥스웰은 답했습니다.

"돈을 많이 버는 것은 나쁘지 않다. 나누지 않는 것이 나쁘다."

맥스웰은 자신의 리더십 사업 수익 일부를 맥스웰 리더십 파운데이션 등을 통해 전 세계(아프리카 포함)에 리더십 교육·변혁 프로그램으로 환원하고 있습니다. 아프리카에 리더십 교육을 제공했고 수많은 리더와 학생들이 그의 리더십 프로그램에 참여해왔습니다. 맥스웰은 말합니다.

"더 많이 벌수록 더 많이 도울 수 있다."

빌 게이츠가 수백억 달러를 기부할 수 있는 이유는 수백억 달러를 벌었기 때문입니다. 부자는 돈 버는 것을 부끄러워하지 않습니다. 단, 책임을 다합니다. 많이 벌고, 많이 베푸세요. 그것이 진짜 부자의 책임입니다.

존 C. 맥스웰 John C. Maxwell

1947년 미시간주 출생으로, 1969년 22세에 인디애나의 작은 교회에서 목회를 시작했고, 리더십 책과 세미나를 통해 교회 성장과 사역 변화를 이끌며 리더십의 중요성을 깨달았습니다. 이후 《리더십의 21가지 법칙》을 포함해 100권이 넘는 책을 출간해 전 세계적으로 수천만 부를 판매한 리더십 베스트셀러 작가가 되었고, 존 웨슬리의 "많이 벌고, 많이 주라."는 격언을 인용하며 부를 책임과 섬김의 도구로 설명해왔습니다.

그는 이쿠입과 존 맥스웰 리더십 파운데이션을 통해 170여 개국에서 600만 명 이상 리더를 훈련하는 글로벌 리더십 교육 네트워크를 운영하며, 아프리카, 라틴아메리카, 아시아 등에서 가치 중심 리더십과 사회 변혁 프로젝트를 계속 확장하고 있습니다.

존 C. 맥스웰의 인사이트

많이 벌어서 많이 주는 것, 그것이 진짜 부자의 책임이다.
True wealth comes with the responsibility to give generously.

돈 버는 것을 부끄러워하지 말고, 나누지 않는 것을 부끄러워하라.
Don't be ashamed of making money. Be ashamed of not sharing it.

오늘의 질문

오늘 나는 누구를 도왔는가?

돈 버는 것을 부끄러워하며 나눔의 기회를 놓치고 있지는 않은가?

부자는 많이 벌고, 많이 나눈다.
Religious duty to get all the money.

많은 돈을 버는 건 전혀 나쁜 일이 아닙니다.

그 돈을 혼자 독차지하려는 마음이 문제일 뿐이죠.

더 많이 벌수록, 더 많은 사람을 도울 수 있습니다.

돈을 버는 걸 부끄러워하지 말고, 나누지 않는 걸 부끄러워하세요.

'많이 벌어, 많이 주는 것' 그것이 진정한 부자의 길입니다.

Making lots of money is not bad at all.

Keeping it all for yourself is the bad part.

When you make more you can help more people.

Be ashamed of not giving, not of earning money.

Earn much to give much is true wealth.

부자는 반드시 사회에 되갚는다.
Resources from our communities.

부는 한 사람에게 영원히 머물러선 안 됩니다.
반드시 사회로 다시 흘러가야 합니다.
당신의 돈을, 다른 사람들을 끌어올리는 데 쓰세요.
남을 수 없을 때까지, 계속해서 나누세요.
돈은 가만히 쌓아두는 게 아니라, 흘러가며 돕기 위해 존재하는 것입니다.

Wealth should not stay in one place forever.
It must flow back to the society.
Use your money to lift other people up.
Keep giving until there is nothing left.
Money is meant to move and help not sit.

부자들은 부가 사회에서 나왔으니 사회로 돌려줘야 한다는 것을 압니다. 맥켄지 스콧은 2019년 이혼으로 380억 달러를 받았습니다. 대부분의 사람들은 그 돈을 쌓아두거나 천천히 쓸 것입니다. 스콧은 달랐습니다. 즉시 기부하기 시작했습니다. 2년 만에 140억 달러를 기부했습니다. 역사상 가장 빠른 속도였습니다. 그녀는 말합니다.
"이 부는 내가 혼자 만든 게 아니다. 아마존 직원들이, 고객들이, 사회 시스템이 만들어준 것이다. 사회로 돌려줘야 한다."
푸드뱅크에 수억 달러를 줬습니다. 흑인 대학들에 수십억 달러를 줬습니다. 여성 단체에 수억 달러를 줬습니다. 부자는 알고 있습니다. 혼자서는 부자가 될 수 없다는 것을. 사회가 만들어준 부입니다. 사회에 돌려주세요. 그것이 부자의 의무입니다.

맥켄지 스콧 MacKenzie Scott

맥켄지 스콧(MacKenzie Scott)은 1970년 캘리포니아에서 태어나 프린스턴대학교에서 소설 창작을 공부하며 토니 모리슨의 지도를 받았고, 이후 D.E. Shaw에서 일하다 제프 베이조스를 만나 1993년 결혼해 아마존 초기 운영을 도왔습니다. 2019년 이혼으로 아마존 지분 약 4%를(당시 약 380억 달러) 받은 뒤, 자신의 부가 시장과 사회 구조 속에서 형성된 것임을 인정하며 불평등 완화와 취약계층 지원을 위해 빠르게 환원하겠다고 약속했습니다. 그녀는 2020년과 2021년을 포함한 몇 년 동안 흑인 커뮤니티, 여성·LGBTQ+ 단체, 역사적 흑인대학(HBCU), 지역 푸드뱅크 등 수백 개 조직에 총 140억 달러 이상을 무제한·신뢰 기반 방식으로 기부해, 동시대 억만장자 중 가장 공격적인 속도로 재산을 사회에 돌려주는 자선가로 평가받고 있습니다.

맥켄지 스콧의 인사이트

사회로부터 받은 것은 사회에 돌려줘야 한다.
Give back to the society that gave to you.

혼자서는 부자가 될 수 없다.
No one gets rich on their own.

오늘의 질문

오늘 나는 사회에 무엇을 돌려줬는가?

내가 받은 것을 당연하게 여기며 사회에 대한 책임을 잊고 있지는 않은가?

부자는 반드시 사회에 되갚는다.
Resources from our communities.

부는 한 사람에게 영원히 머물러선 안 됩니다.

반드시 사회로 다시 흘러가야 합니다.

당신의 돈을, 다른 사람들을 끌어올리는 데 쓰세요.

남을 수 없을 때까지, 계속해서 나누세요.

돈은 가만히 쌓아두는 게 아니라, 흘러가며 돕기 위해 존재하는 것입니다.

Wealth should not stay in one place forever.

It must flow back to the society.

Use your money to lift other people up.

Keep giving until there is nothing left.

Money is meant to move and help not sit.

부자는 지식이라는 자산을 먼저 키운다.
Intellectual capital trumps financial.

지식은 돈보다 훨씬 더 강력한 자산입니다.
돈은 쉽게 잃을 수도, 도둑맞을 수도 있지만,
지식은 한 번 쌓이면 영원히 당신과 함께합니다.
마음을 먼저 키우면, 돈은 자연스럽게 따라옵니다.
당신이 '아는 것'이, 당신이 '가진 것'을 언제나 이깁니다.

Knowledge is far more powerful than money.
Money can be lost or stolen very easily.
But your knowledge stays with you forever.
Build your mind first and money follows naturally.
What you know beats what you own always.

부자들은 지적 자본이 재무 자본보다 우월하다는 것을 압니다. 폴 튜더 존스는 1987년 블랙 먼데이 때 시장 폭락을 예측해 약 1억 달러 규모의 이익을 내며 자본을 세 배 가까이 불렸습니다. 하지만 그가 가장 자랑스러워하는 것은 무엇일까요? 돈이 아니라 그것을 예측한 지식입니다. "돈은 빼앗길 수 있다. 투자에 실패하면 사라진다. 하지만 지식은? 영원히 내 것이다."

존스는 막대한 재산보다 교육, 지적 성장에 더 큰 가치를 둔다고 강조합니다. 지식은 빼앗길 수 없기 때문입니다. 경제 위기가 와도, 시장이 폭락해도, 당신이 배운 것은 사라지지 않습니다. 부자는 돈을 쌓기 전에 지식을 쌓습니다. 매일 30분 독서하세요. 10년이면 100권입니다. 그 지식은 평생 당신과 함께합니다. 그리고 계속 돈을 만들어냅니다. 지적 자본이 진짜 자본입니다.

폴 튜더 존스 Paul Tudor Jones

1954년 테네시주 멤피스 출신으로, 버지니아대학교에서 경제학을 전공한 뒤 뉴욕 면화 거래소에서 트레이더로 일하다 1980년 헤지펀드인 튜더 인베스트 코퍼래이션을 설립했습니다. 1987년 블랙 먼데이 때 주식시장 붕괴를 미리 예측해 주가지수 선물을 공매도하며 약 60% 수익과 8,000만~1억 달러 수준의 이익을 거두어 월가의 대표적인 매크로 트레이더로 부상했고, 초기 약 25년 동안 연평균 19~20% 수익률을 기록하며 탁월한 성과를 냈던 것으로 평가됩니다.

그는 "지적 자본은 항상 재무 자본을 이긴다."라고 말하며, 자본 규모보다 정보·분석·심리 이해 같은 지식이 진정한 경쟁력이라고 강조하는 것으로 유명합니다. 또한 1988년 뉴욕 빈곤 퇴치를 목표로 로빈 후드 재단(Robin Hood Foundation)을 공동 설립해 교육·주거·식량 지원 프로그램을 후원해왔으며, 재단은 설립 이후 뉴욕 저소득층을 위해 30억 달러 이상을 모금·배분한 것으로 보고됩니다.

폴 튜더 존스의 인사이트

돈은 빼앗길 수 있지만, 지식은 영원히 당신 것이다.
You can lose your money, but never your knowledge.

지적 자본이 진짜 자본이다.
Intellectual capital is the most valuable form of capital.

오늘의 질문

오늘 나는 어떤 지식을 쌓았는가?

돈만 쌓느라 진짜 자산인 지식을 소홀히 하고 있지는 않은가?

부자는 지식이라는 자산을 먼저 키운다. Intellectual capital trumps financial.

지식은 돈보다 훨씬 더 강력한 자산입니다.

돈은 쉽게 잃을 수도, 도둑맞을 수도 있지만,

지식은 한 번 쌓이면 영원히 당신과 함께합니다.

마음을 먼저 키우면, 돈은 자연스럽게 따라옵니다.

당신이 '아는 것'이, 당신이 '가진 것'을 언제나 이깁니다.

Knowledge is far more powerful than money.

Money can be lost or stolen very easily.

But your knowledge stays with you forever.

Build your mind first and money follows naturally.

What you know beats what you own always.

마이클 조던 Michael Jordan

부자는 실패 속에서 성공의 길을 본다.
Grown comes from setbacks.

실패는 받아들일 수 있습니다. 누구나 가끔은 실패하니까요.
하지만 시도조차 하지 않는 건 절대 받아들일 수 없습니다.
나는 수없이 실패했고, 그래서 결국 성공할 수 있었습니다.
실패는 그저 성공으로 가는 여정의 한 부분일 뿐입니다.
실패할 때마다, 다음번에 이기는 법을 배워갑니다.

I can accept failure because everyone fails sometimes.
But I cannot accept not trying at all.
I failed many times and that's why I succeed.
Failure is just part of the journey to success.
Each failure teaches you how to win next time.

부자들은 실패가 성공의 반대가 아니라 과정이라는 것을 압니다. 마이클 조던은 고등학교 때 1군 명단에서 빠지고 2군 명단으로 배정됐습니다. 조던은 당시 키가 5피트10으로 상대적으로 작았고, 팀은 장신 선수를 필요로 해 친구 르로이 스미스가 뽑혔습니다. 조던은 집에 가서 울었습니다.

하지만 다음 날에도 그는 체육관에 갔고 더 열심히 연습했습니다. 1년 후 팀에 들어갔지만 NBA에서도 수없이 졌습니다. 플레이오프 탈락도 여러 번 했습니다. 하지만 포기하지 않았습니다. 실패할 때마다 '뭘 잘못했지?' 분석하고 배웠고 개선했습니다. 결과는 6회 챔피언, 5회 MVP, 역사상 최고의 선수.

투자도 마찬가지입니다. 손실을 볼 것입니다. 잘못된 선택을 할 것입니다. 부자는 그때 포기하지 않습니다. 분석하고 배우고 다시 시도합니다. 조던은 말합니다.

"나는 수천 번 실패했다. 그래서 성공했다."

실패를 두려워하지 마세요. 실패는 수업료입니다.

마이클 조던 Michael Jordan

마이클 조던은 1963년 뉴욕 브루클린에서 태어나 노스캐롤라이나 윌밍턴에서 자라며, 래니 고등학교 2학년 때 바시티(1군) 농구팀에 뽑히지 못하고 주니어 바시티(2군)로 배정되었지만 이를 계기로 훈련에 매달려 졸업 무렵에는 전국적인 유망주가 되었습니다. 그는 노스캐롤라이나 대학교에서 1982년 NCAA 결승에서 결승슛을 넣어 우승을 이끌고, 1984년 NBA 드래프트 3순위로 시카고 불스에 지명되었습니다.

시카고에서 여러 차례 플레이오프 탈락을 경험한 뒤에도 조던은 '실패를 받아들일 수는 있지만 시도하지 않는 것은 받아들일 수 없다.'는 태도로 자신과 팀을 끊임없이 개선해 1991~1993, 1996~1998년 두 차례 3연패를 포함해 6회 우승, 5회 정규시즌 MVP, 6회 파이널 MVP라는 기록을 남겼습니다. 나이키와의 파트너십으로 탄생한 '조던 브랜드'는 연간 수십억 달러의 매출을 올리며 조던에게 매년 수억 달러의 로열티를 가져다주고, 그는 샬럿 호네츠 구단 지분 매각까지 더해 2023년 기준 순자산 약 30억 달러 규모의 억만장자로 평가됩니다.

마이클 조던의 인사이트

실패는 성공의 반대가 아니라, 성공으로 가는 과정이다.
Failure is part of success.

시도하지 않는 것이 진짜 실패다.
Not trying is true failure.

오늘의 질문

오늘 나는 어떤 실패에서 배웠는가?

실패를 두려워하며 시도조차 못 하고 있지는 않은가?

부자는 실패 속에서 성공의 길을 본다.
Grown comes from setbacks.

실패는 받아들일 수 있습니다. 누구나 가끔은 실패하니까요.

하지만 시도조차 하지 않는 건 절대 받아들일 수 없습니다.

나는 수없이 실패했고, 그래서 결국 성공할 수 있었습니다.

실패는 그저 성공으로 가는 여정의 한 부분일 뿐입니다.

실패할 때마다, 다음번에 이기는 법을 배워갑니다.

I can accept failure because everyone fails sometimes.

But I cannot accept not trying at all.

I failed many times and that's why I succeed.

Failure is just part of the journey to success.

Each failure teaches you how to win next time.

부자는 정상에서 혼자 빛나지 않는다.
Success is measured by how much you give back.

성공은 혼자 얼마나 높이 올라갔느냐로 판단되지 않습니다.
얼마나 많은 사람을 함께 끌어올렸는가가 진짜 기준입니다.
당신이 변화시킨 삶의 수가, 당신 인생의 진짜 성적표입니다.
당신의 성공을, 다른 사람들에게 기회를 나누는 데 사용하세요.
다른 사람들을 끌어올리는 게 진짜 성공의 척도입니다.

Success is not about how high you climb alone.
It's about how many people you bring up.
Measure your life by the lives you improved.
Use your success to create chances for others.
Lifting others up is the real measure of success.

부자들은 혼자 올라가는 것보다 함께 올라가는 것이 진짜 성공이라는 것을 압니다. 멜린다 프렌치 게이츠는 마이크로소프트에서 일하며 억만장자가 되었습니다. 하지만 그녀는 '이 부는 나 혼자만을 위한 것이 아니다.'라고 깨닫고 빌 게이츠와 함께 재단을 만들었습니다. 게이츠 재단은 말라리아 연구·백신·방역에 수십억 달러를 투자해, 글로벌펀드·각국 정부와 함께 2000년 이후 말라리아 사망률 감소에 크게 기여했습니다. 교육과 여성 권익 분야에 대규모 자금을 지원해 개발도상국 아동 교육·여성 건강·경제 참여를 확대하는 다양한 프로젝트를 후원했습니다. 게이츠는 말합니다.
"진짜 성공은 얼마나 높이 올랐느냐가 아니라 얼마나 많은 사람을 끌어올렸느냐다."
부자는 정상에 혼자 서지 않습니다. 다른 사람들을 끌어올립니다. 그것이 진정한 유산입니다. 올라가되 함께 올라가세요.

멜린다 프렌치 게이츠 Melinda French Gates

멜린다 프렌치 게이츠는 1964년 텍사스 댈러스에서 태어나 듀크대학교에서 컴퓨터공학·경제학 및 MBA를 마친 뒤, 1987년 마이크로소프트에 입사해 Encarta·Expedia 등 소비자용 소프트웨어·멀티미디어 제품을 이끈 전직 임원입니다. 1994년 빌 게이츠와 결혼해 세 자녀를 두었고, 2000년 함께 빌 앤드 멜린다 게이츠 재단을 설립해 감염병, 글로벌 보건, 교육, 여성·아동 건강 분야에 대규모 자금을 지원해왔습니다.

2019년에 출간한 저서를 통해 '여성을 들어 올리면 인류 전체가 올라간다.'는 메시지로 여성 권익 신장의 중요성을 알렸고, 이 책은 뉴욕타임스 베스트셀러가 되었습니다. 2021년 빌 게이츠와 이혼한 뒤에도 한동안 재단 공동 의장을 맡다가 2024년 재단을 떠나며 12.5억 달러를 추가로 받아, 자신의 조직 피보탈 벤처스를 통해 여성과 가족을 위한 독자적인 자선 활동을 확대하며 '다른 사람의 삶을 더 쉽게 만드는 것이 성공'이라는 신념을 공개적으로 강조하고 있습니다.

멜린다 프렌치 게이츠의 인사이트

혼자 정상에 오르는 것보다, 함께 올라가는 것이 진짜 성공이다.
Success is sweeter when shared.

변화시킨 삶의 수로 인생을 측정하라.
A life is measured by its impact on others.

오늘의 질문

오늘 나는 누구를 끌어올렸는가?

혼자만 올라가려 하며 진정한 성공의 의미를 놓치고 있지는 않은가?

부자는 정상에서 혼자 빛나지 않는다.
Success is measured by
how much you give back.

성공은 혼자 얼마나 높이 올라갔느냐로 판단되지 않습니다.

얼마나 많은 사람을 함께 끌어올렸는가가 진짜 기준입니다.

당신이 변화시킨 삶의 수가, 당신 인생의 진짜 성적표입니다.

당신의 성공을, 다른 사람들에게 기회를 나누는 데 사용하세요.

다른 사람들을 끌어올리는 게 진짜 성공의 척도입니다.

Success is not about how high you climb alone.

It's about how many people you bring up.

Measure your life by the lives you improved.

Use your success to create chances for others.

Lifting others up is the real measure of success.

부자는 돈만 벌지 않고 세상도 바꾼다.
Make a difference, not just money.

사업 인생에서 단지 돈만 벌려 하지 마세요.
세상에 '진짜 변화'를 만드는 것도 함께 하세요.
문제를 해결하고, 사람들을 돕는 회사를 만드세요.
언제나 '세상을 더 낫게 만드는 것'에 먼저 집중하세요.
'목적 있는 이익'이, 이익만 추구하는 것보다 훨씬 더 강력합니다.

Don't just make money in your business life.
Make a real difference in the world too.
Build companies that solve problems and help people.
Focus on making the world better first always.
Profit with purpose wins over profit alone every time.

부자들은 돈만 벌지 않고 세상을 바꾸며 번다는 것을 압니다. 리처드 브랜슨은 버진 레코드를 시작할 때 단순히 돈을 벌려고 하지 않고 "뮤지션들이 공정한 대우를 받게 하자."고 말했습니다. 버진 애틀랜틱을 만들 때도 "고객을 존중하는 항공사를 만들자.", 버진 모바일을 만들 때도 "통신비를 낮추자."라고 강조했습니다. 그는 항상 문제를 보고 해결책을 만들었습니다.
결과는 400개 이상의 회사, 수백억 달러의 자산, 전 세계의 존경. 브랜슨은 말합니다.
"사업을 시작할 때 첫 질문은 '얼마나 벌까?'가 아니라 '어떤 문제를 해결할까?'여야 한다."
부자는 돈을 목표로 삼지 않습니다. 임팩트를 목표로 삼습니다. 돈은 부산물입니다. 창업할 때 스스로에게 물으세요.
'이것이 세상을 더 나은 곳으로 만드는가?'
답이 예스면 시작하세요. 돈은 따라옵니다.

리처드 브랜슨 Richard Branson

1950년 영국 런던에서 태어나 난독증으로 학교에서 고생했지만 사업 감각은 뛰어났습니다. 16세에 고등학교를 중퇴하고 〈Student〉라는 잡지를 창간했고, 존 레논과 믹 재거를 인터뷰하며 성공시켰습니다. 1970년 20세에 우편 주문 레코드 사업을 시작했고, 1972년 버진 레코드를 창립해 마이크 올드필드의 〈Tubular Bells〉로 대박을 쳤습니다. 그는 '돈만 벌지 말고 세상을 바꾸며 벌어라.'라는 철학으로 사업을 확장했습니다. 1984년 버진 애틀랜틱 항공을 창립하며 '고객을 존중하는 항공사'를 목표로 했고, 이코노미석 서비스와 엔터테인먼트 수준을 끌어올리는 데 주력했습니다.

1999년 버진 모바일을 만들어 '통신비를 낮추자'는 미션으로 시장을 뒤흔들었고, 2000년대 버진 갤럭틱을 창립해 민간 우주여행을 시도했습니다. 400개 이상의 회사를 거느린 버진그룹으로 성장했고, 순자산 30억 달러 이상의 억만장자가 되었습니다. 2004년 버진 유나이트를 설립해 사회적 문제 해결에 나섰고, 2006년 기후변화 대응에 30억 달러를 투자하겠다고 서약했습니다.

2021년 71세에 자신의 우주선을 타고 우주 비행에 성공했습니다. 최근까지도 강연과 칼럼에서 '문제를 해결하는 비즈니스', '돈이 아닌 목적과 임팩트'를 강조합니다.

리처드 브랜슨의 인사이트

돈을 벌되, 세상을 바꾸며 벌어라.
Earn money while making a difference.

문제 해결이 먼저, 돈은 부산물이다.
Solve real problems, and the money will come.

오늘의 질문

오늘 나는 세상을 어떻게 바꿨는가?

돈만 쫓으며 더 큰 임팩트를 놓치고 있지는 않은가?

부자는 돈만 벌지 않고 세상도 바꾼다.
Make a difference, not just money.

사업 인생에서 단지 돈만 벌려 하지 마세요.

세상에 '진짜 변화'를 만드는 것도 함께 하세요.

문제를 해결하고, 사람들을 돕는 회사를 만드세요.

언제나 '세상을 더 낫게 만드는 것'에 먼저 집중하세요.

'목적 있는 이익'이, 이익만 추구하는 것보다 훨씬 더 강력합니다.

Don't just make money in your business life.

Make a real difference in the world too.

Build companies that solve problems and help people.

Focus on making the world better first always.

Profit with purpose wins over profit alone every time.

부자는 막히면 길을 만들고, 없으면 판을 바꾼다.
The system wasn't built for people like me.

이 사회의 시스템은 나 같은 사람을 위해 만들어진 게 아니었습니다.
배제당했다면, 남들이 만든 길이 아닌 당신만의 길을 만드세요.
누군가의 허락을 기다리지 말고, 스스로 기회를 만드세요.
문이 닫혀 있다면, 그 문을 두드리지 말고 새 문을 여세요.
자리를 내어주지 않는다면, 당신만의 테이블을 만드세요.

The system was not built for people like me.
When you're left out just build your own path.
Don't wait for permission from people in power.
Create your own opportunities and open your doors.
Build your own table if they won't let you sit.

부자들은 기존 시스템이 막을 때 거기서 멈추지 않고, 아예 새로운 시스템을 만드는 선택지를 알고 있습니다. 할리우드는 타일러 페리의 초반 작품에 관심을 보이지 않았고, 초기에는 투자자와 관객 모두에게 외면받았으며, 흑인 관객을 위한 신앙과 가족 중심 연극은 "메인 스트림 시장에서는 통하지 않는다."는 냉담한 시선을 받았습니다.
그때 페리는 '그렇다면 내가 무대와 관객을 직접 만들겠다.'고 결심하고, 작은 극장을 빌려 전 재산을 쏟아부어 공연을 올리기 시작했습니다. 이렇게 10년 가까운 시간 동안 자신이 통제하는 무대·자본·관객 기반을 키운 끝에, 마침내 애틀랜타에 자신 소유의 스튜디오를 세우며 전통적인 할리우드 스튜디오 체계를 거치지 않고 독립적인 제작 시스템을 구축했습니다. 그 결과 그는 오늘날 억만장자가 되었고, 후배 창작자와 사업가들을 독려하고 있습니다. 이처럼 부자는 단순히 거절을 받아들이는 대신 새로운 길을 설계하고, 문이 닫히면 다른 통로를 만들며, 통로조차 없으면 아예 벽 자체를 허무는 방식으로 자신의 시스템을 만들어 갑니다.

타일러 페리 Tyler Perry

1969년 루이지애나주 뉴올리언스에서 태어난 타일러 페리는 아버지의 심각한 학대와 성적 학대를 겪으며 고등학교를 중퇴하고 검정고시로 학력을 보완했습니다. 청년기에 자살 시도와 노숙 생활까지 경험한 그는 오프라 윈프리 쇼에서 글쓰기의 치유력을 깨닫고 희곡 〈I Know I've Been Changed〉를 집필합니다.

1992년 자비로 애틀랜타에서 공연했으나 실패하고, 1998년 재공연으로 흑인 관객 사이에서 대성공을 거둡니다. 여장 할머니 '마데아' 캐릭터가 폭발적 인기를 끌었고, 2005년 영화 〈Diary of a Mad Black Woman〉은 550만 달러 제작비로 북미 5000만 달러 이상을 벌어들입니다. 할리우드 시스템 대신 애틀랜타에 330에이커 규모의 타일러 페리 스튜디오를 직접 구축하여 2019년 개장하고, 2020년 순자산 10억 달러 억만장자가 됩니다.

타일러 페리의 인사이트

현재의 시스템이 당신을 막고 있다면, 더 나은 시스템을 직접 만들어라.
Don't fight the system, reinvent it.

거절은 새로운 길을 만들라는 신호다.
Rejection is a signal to forge a new path.

오늘의 질문

오늘 나는 어떤 새로운 길을 만들었는가?

시스템의 제약에 막혀 나의 길을 포기하고 있지는 않은가?

부자는 막히면 길을 만들고, 없으면 판을 바꾼다.
The system wasn't built for people like me.

이 사회의 시스템은 나 같은 사람을 위해 만들어진 게 아니었습니다.

배제당했다면, 남들이 만든 길이 아닌 당신만의 길을 만드세요.

누군가의 허락을 기다리지 말고, 스스로 기회를 만드세요.

문이 닫혀 있다면, 그 문을 두드리지 말고 새 문을 여세요.

자리를 내어주지 않는다면, 당신만의 테이블을 만드세요.

The system was not built for people like me.

When you're left out just build your own path.

Don't wait for permission from people in power.

Create your own opportunities and open your doors.

Build your own table if they won't let you sit.

아리아나 허핑턴 Arianna Huffington

부자는 가진 것에 감사하고, 그래서 더 많이 얻는다.
Be thankful and you'll end up with more.

지금 가진 것에 감사하세요.
그러면 결국 더 많은 것을 갖게 될 거예요.
부족한 것만 바라보면, 절대 만족할 수 없습니다.
감사는 당신의 시선을 '결핍'에서 '풍요'로 바꿔줍니다.
지금 가진 것을 진심으로 인정할 때, 더 많은 것이 따라옵니다.

Be thankful for what you have right now.
You will end up having more eventually.
If you focus on lack you never feel enough.
Gratitude shifts your mind from lack to abundance.
Appreciate what you have and more will come.

부자들은 감사가 더 많은 것을 가져온다는 것을 압니다. 아리아나 허핑턴은 2007년 과로로 쓰러져 턱뼈가 부러졌습니다. 그는 병원 침대에서 '나는 성공했지만 행복하지 않다.'고 깨 닫고 인생에 변화를 주기로 합니다. 치료사의 조언으로 감사 일기를 쓰기 시작했지요. 매일 밤 감사한 3가지를 적었습니다. 처음에는 불평할 것만 보였습니다. 하지만 계속 일기를 쓰 자 인생이 바뀌기 시작했습니다. 점점 작은 것에 감사하게 되었지요. 아침 커피, 직원의 미 소, 햇빛. 신기하게도 삶이 달라졌습니다. 더 행복해졌고, 더 건강해졌고, 더 성공했습니다. 감사의 힘은 과학적으로도 증명되었습니다. 감사하는 사람이 더 건강하고, 더 성공하고, 더 부유해집니다. 부자는 부족함이 아니라 풍요를 봅니다. 오늘 밤 감사한 3가지를 적으세요. 감사가 더 많은 것을 가져옵니다.

아리아나 허핑턴 Arianna Huffington

아리아나 허핑턴은 1950년 그리스 아테네에서 태어나 16세에 영국으로 건너가 케임브리지대 기턴 칼리지에서 경제학을 전공했고, 케임브리지 유니언의 첫 외국인 여성 회장을 지냈습니다. 이후 미국으로 이주해 작가·정치 평론가로 활동하며 2005년 허핑턴포스트를 공동 창립해 디지털 뉴스 허브로 성장시켰습니다. 2007년에는 과로와 수면 부족으로 집에서 쓰러져 얼굴 뼈가 골절되는 사고를 겪은 뒤, 돈과 명성 중심의 성공 대신 웰빙·수면·의미·관계를 포함하는 새로운 성공 기준을 강조하게 되었다고 밝힙니다. 2011년 허핑턴포스트가 AOL에 인수된 뒤 통합 미디어 그룹을 이끌다가 2016년 번아웃·수면·웰빙에 초점을 둔 플랫폼 'Thrive Global'을 설립했고, 다수의 저서를 통해 "웰빙 없는 성공은 진짜 성공이 아니다."라는 메시지를 전하고 있습니다.

아리아나 허핑턴의 인사이트

불평하는 사람은 가난하고, 감사하는 사람은 부유해진다.
Complainers stay poor; the grateful grow rich.

감사가 더 많은 것을 가져온다.
The more grateful you are, the more you receive.

오늘의 질문

오늘 나는 무엇에 감사했는가?

불평에 빠져 감사의 힘을 놓치고 있지는 않은가?

부자는 가진 것에 감사하고, 그래서 더 많이 얻는다. Be thankful and you'll end up with more.

지금 가진 것에 감사하세요.

그러면 결국 더 많은 것을 갖게 될 거예요.

부족한 것만 바라보면, 절대 만족할 수 없습니다.

감사는 당신의 시선을 '결핍'에서 '풍요'로 바꿔줍니다.

지금 가진 것을 진심으로 인정할 때, 더 많은 것이 따라옵니다.

Be thankful for what you have right now.

You will end up having more eventually.

If you focus on lack you never feel enough.

Gratitude shifts your mind from lack to abundance.

Appreciate what you have and more will come.

부자는 돈보다 인격을 먼저 다듬는다.
Money doesn't change,
it just unmasks.

돈은 사람을 바꾸지 않습니다. 단지 가면을 벗길 뿐이죠.
가난할 때 이기적인 사람은, 부자가 되어도 그대로입니다.
당신 안에 있는 성향은, 돈이 많아질수록 더 커집니다.
부를 쌓기 전에 먼저 '사람 됨됨이'를 다듬으세요.
돈이 당신의 단점을 키우기 전에, 지금 고치세요.

Money does not change people, it just unmasks them.
Selfish when poor means selfish when rich too.
What's inside you grows bigger with more money.
Build good character first before you build wealth.
Fix your flaws now before money makes them worse.

부자들은 돈이 성격을 바꾸는 게 아니라 확대한다는 것을 압니다. 헨리 포드는 가난한 농부의 아들로, 어릴 때부터 정직하고 근면했습니다. 16세에 농장을 떠나 디트로이트에서 기계 수습공으로 일하기 시작했고 시간당 10센트를 받았습니다. 하지만 항상 시간을 지켰고, 최선을 다했습니다. 30년 후 그는 세계 최대 자동차 회사를 소유했고 억만장자가 되었습니다. 하지만 그의 성격은 똑같았습니다. 여전히 일찍 일어났고, 열심히 일했고, 정직했습니다. 반면 포드는 많은 사람들을 봤습니다. 가난할 때 게으른 사람은 부자가 되어도 게을렀습니다. 가난할 때 이기적인 사람은 부자가 되어서 더 이기적이었습니다. 포드는 말합니다.
"돈은 사람을 바꾸지 않는다. 원래 있던 것을 드러낼 뿐이다."
부자는 돈을 벌기 전에 좋은 사람이 됩니다. 지금 좋은 습관을 만드세요. 돈은 그것을 확대할 뿐입니다.

헨리 포드 Henry Ford

1863년 미시간 농부 집안에서 태어난 헨리 포드는 어린 시절부터 기계에 관심이 많았습니다. 16세에 디트로이트로 가 기계공으로 일하고, 1891년 에디슨 회사에 입사해 밤에 자동차를 제작했습니다. 1903년 40세에 포드자동차를 창립하며 초기 투자자 12명으로부터 28,000달러를 모았습니다. "돈은 사람을 바꾸지 않고 드러낸다."는 철학으로 정직과 근면을 유지했습니다. 1908년 모델 T를 850달러에 출시하고, 1913년 이동식 조립라인으로 생산성을 10배 높여 가격을 290달러로 낮췄습니다. 1914년 노동자 임금을 하루 5달러로 인상하며 "노동자가 차를 살 수 있어야 한다"고 강조했습니다. 1920년대 전 세계 자동차 절반을 생산하며 억만장자가 되었고, 1936년 포드 재단을 설립했습니다. 1947년 83세로 사망한 후 재단은 현재 140억 달러 자산으로 세계 최대 규모가 되었습니다.

헨리 포드의 인사이트

돈이 생기면 나쁜 습관이 더 심해진다.
Money makes bad habits worse.

지금 좋은 사람이 되어라. 돈은 당신을 바꾸지 않는다.
Be good now because money won't make you better later.

오늘의 질문

오늘 나는 어떤 진짜 모습을 보였는가?

돈을 벌면 달라질 것이라 생각하며 지금의 습관을 방치하고 있지는 않은가?

부자는 돈보다 인격을 먼저 다듬는다.
Money doesn't change,
it just unmasks.

돈은 사람을 바꾸지 않습니다. 단지 가면을 벗길 뿐이죠.

가난할 때 이기적인 사람은, 부자가 되어도 그대로입니다.

당신 안에 있는 성향은, 돈이 많아질수록 더 커집니다.

부를 쌓기 전에 먼저 '사람 됨됨이'를 다듬으세요.

돈이 당신의 단점을 키우기 전에, 지금 고치세요.

Money does not change people, it just unmasks them.

Selfish when poor means selfish when rich too.

What's inside you grows bigger with more money.

Build good character first before you build wealth.

Fix your flaws now before money makes them worse.

부자는 받기보다 더 많이 주는 사람이다.
Do more for others than anyone.

인생에서 원하는 모든 것을 가질 수 있습니다.
단, 먼저 다른 사람들이 원하는 것을 이루도록 도와주세요.
누구보다 더 많은 사람을 진심으로 섬기세요.
항상 먼저 주는 사람이 되면, 받는 것은 자연스럽게 따라옵니다.
더 많이 줄수록, 더 많이 돌려받게 됩니다. 그것이 진짜 부입니다.

You can have everything you want in life.
Just help other people get what they want first.
Serve more people than anyone else does.
Give first always and receive comes later.
The more you give the more you get back.

부자들은 먼저 주면 나중에 받는다는 것을 압니다. 지그 지글러는 가난한 집안에서 자라 냄비 판매원이 되었습니다. 처음에는 판매 실적이 최하위로 실패했습니다. 하지만 어느 날 전략을 바꿨습니다. '내가 뭘 팔지?'가 아니라 "고객이 뭘 필요로 하지?"를 먼저 생각하며 고객의 이야기를 들었습니다. 고객의 문제를 이해하고 해결책을 제공했습니다. 예를 들어 냄비가 필요 없는 고객에게는 팔지 않았습니다. 오히려 다른 것을 추천했습니다. 이런 식으로 고객을 먼저 생각하는 접근을 강조했습니다.

고객들은 지그 지글러에게 감동했고 그의 전략은 입소문이 났습니다. 몇 년간 실패 후, 관점 전환과 훈련을 거쳐 지글러는 회사 내 상위급 수준의 탑 세일즈맨이 되었습니다. 지글러는 '먼저 주면, 나중에 받는다.'는 철학으로 50년간 수백만 명을 가르쳤습니다.

부자는 '얼마를 받을까?'를 먼저 생각하지 않습니다. '뭘 줄 수 있을까?'를 먼저 생각합니다. 먼저 주세요. 가치를 제공하세요. 사람들을 도우세요. 그러면 부는 자연스럽게 따라옵니다.

지그 지글러 Zig Ziglar

앨라배마주 12남매 중 열 번째로 태어난 짐 론은 아버지 사망 후 미시시피로 이주해 어머니의 하숙, 잡일로 가난 속에 자랐습니다. 제2차 세계대전 후 해군 복무와 대학 진학 후, 1940년대 후반 웨어에 버 조리기구 방문판매를 시작했으나 부진했습니다.

멘토 P.C. 메렐의 코칭으로 '고객이 진짜 원하는 것'을 먼저 듣고 문제를 해결하는 접근을 바꿔 상위 세일즈맨이 되었고, '먼저 남을 도우면 내가 원하는 것도 얻는다.'는 철학을 확립했습니다. 1960년대 후반부터 동기부여 연사로 전업해 1975년 200만 부 가량의 판매고를 올린 베스트셀러 《정상에서 만납시다》를 출간하고, 30권 이상의 책과 수천 회 강연으로 "다른 사람을 도우면 원하는 모든 것을 얻을 수 있다."는 메시지를 전 세계에 전했습니다.

지그 지글러의 인사이트

진짜 부자는 받는 것이 아니라 주는 것으로 만들어진다.
Real wealth is built through giving, not receiving.

먼저 주면, 나중에 받습니다.
When you give first, what you need comes later.

오늘의 질문

오늘 나는 누구를 먼저 도왔는가?

받으려고만 하고, 주는 것의 힘을 놓치고 있지는 않은가?

부자는 받기보다 더 많이 주는 사람이다.
Do more for others than anyone.

인생에서 원하는 모든 것을 가질 수 있습니다.

단, 먼저 다른 사람들이 원하는 것을 이루도록 도와주세요.

누구보다 더 많은 사람을 진심으로 섬기세요.

항상 먼저 주는 사람이 되면, 받는 것은 자연스럽게 따라옵니다.

더 많이 줄수록, 더 많이 돌려받게 됩니다. 그것이 진짜 부입니다.

You can have everything you want in life.

Just help other people get what they want first.

Serve more people than anyone else does.

Give first always and receive comes later.

The more you give the more you get back.

당신만의
부의 확언을 완성하라

✦
✦
✦

당신은 100일 동안 매일 한 문장씩, 부자들의 언어를 손으로 써 내려갔습니다. 워런 버핏부터 지그 지글러까지. 100명의 부자를 만났고, 100개의 지혜를 배웠고, 100일의 습관을 만들었습니다. 이제 당신에게 묻고 싶습니다. 100일 전의 당신과 지금의 당신, 무엇이 달라졌나요?

크든 작든, 당신은 변했습니다. 100일 전에는 없던 무언가가 지금 당신 안에 있습니다.

100일 후 당신이 얻은 것

첫째, 부자의 사고방식을 배웠습니다.
이제 당신은 워런 버핏처럼 '먼저 잃지 않는 법'을 생각하고, 일론 머스크처럼 '확률이 불리해도 중요하면 도전'하고, 레이 달리오처럼 '나는 틀릴 수 있다'는 것을 인정합니다. 부자들의 언어가 당신의 언어가 되었습니다.

둘째, 실용적인 금융 지식을 얻었습니다.
복리의 힘, 분산투자의 중요성, 리스크 관리의 원칙, 자산 배분의 전략. 이것들은 더 이상 추상적인 개념이 아닙니다. 당신은 이제 이것들을 이해하고, 설명할 수 있고, 적용할 수 있습니다.

셋째, 부자의 습관을 만들었습니다.

100일은 습관을 만들기에 충분한 시간입니다. 매일 무언가를 배우고, 쓰고, 생각하는 습관이 몸에 배었습니다. 이 습관은 이 책을 덮은 후에도 계속될 것입니다.

넷째, 가장 중요한 것, 행동하기 시작했습니다.

당신은 단순히 읽기만 한 것이 아니라 매일 손으로 썼습니다. 쓰는 행동이 생각을 바꾸고, 생각이 결정을 바꾸고, 결정이 인생을 바꿉니다. 100일 동안 매일 작은 행동을 한 당신은, 이제 더 큰 행동을 할 준비가 되어 있습니다.

당신만의 부의 원칙 만들기

이제 당신 차례입니다.

100명의 부자를 만났으니, 이제 당신만의 부의 원칙을 만들 시간입니다. 종이를 꺼내고 펜을 들어보세요. 그리고 100일 동안 배운 것 중에서 당신에게 가장 깊이 와닿았던 원칙 3가지를 적어보세요.

나의 부의 원칙 3가지:

1. _____

2. _____

3. _____

이것이 당신의 나침반이 될 것입니다. 투자 결정을 내릴 때, 돈을 쓸 때, 경력 선택을 할 때. 이 3가지 원칙으로 돌아가세요.

그리고 한 걸음 더 나아가, 당신만의 부자 문장을 만들어보세요. 100명의 부자처럼, 당신도 한 문장으로 당신의 철학을 표현해보세요.

나만의 부의 확언

_____

이 문장을 매일 아침 소리 내어 읽으세요. 당신의 문장이 당신의 삶을 이끌게 하세요.

다음 100일을 위한 제안

이 책을 덮는다고 끝이 아닙니다. 오히려 시작입니다.

제안 1: 다시 시작하세요.
DAY 1로 돌아가세요. 100일 전에 썼던 "Never lose money."를 다시 써보세요. 같은 문장이지만 완전히 다르게 느껴질 것입니다. 두 번째 100일을 시작하세요. 반복이 마스터를 만듭니다.

제안 2: 행동 리스트를 만드세요.
100일 동안 배운 것을 실천 리스트로 만드세요. '이번 달에 비상금 50만 원 모으기', '인덱스펀드 계좌 개설하기', '재무제표 읽는 법 배우기'. 구체적인 행동으로 옮기세요.
아는 것과 하는 것 사이의 간극을 메우세요.

제안 3: 가르치세요.
당신이 배운 것을 다른 사람에게 가르치세요. 가족에게, 친구에게, 동료에게 설명해보세요. 가르치는 것이 가장 강력한 학습 방법입니다. 그리고 당신이 배운 지혜를 나누는 것 자체가 부자의 행동입니다.

마지막 당부

100일 동안 함께 걸어온 길이 여기서 끝나지 않기를 바랍니다. 부자가 되는 것은 마라톤입니다. 단거리 질주가 아닙니다.
100일은 그 마라톤의 시작일 뿐입니다. 앞으로 10년, 20년, 30년을 내다보세요. 복리의 마법은 시간이 만듭니다. 인내심을 가지세요.
그리고 기억하세요. 진짜 부자는 돈만 가진 사람이 아닙니다. 척 피니처럼 베풀고, 멜린다 게이츠처럼 세상을 바꾸고, 하워드 슐츠처럼 사람을 존중하는 사람이 진짜 부자입니다. 돈을 벌되, 좋은 사람으로 남으세요. 부자가 되되, 의미 있는 삶을 사세요.

"아무도 나를 모르지만 돈은 많았으면 좋겠어요."
100일 전, 이 문장에서 시작했습니다. 이제 이 문장의 의미가 조금 달라졌을 것입니다. 여전히 돈은 많았으면 좋겠지만, 그 이유가 달라졌을 것입니다. 단순히 소비하기 위해서가 아니라, 자유를 위해서. 자유롭게 선택하고, 자유롭게 베풀고, 자유롭게 살기 위해서.
그리고 '아무도 나를 모르지만'의 기준도 달라졌을 것입니다. SNS에서 유명해지고 싶지는 않지만, 당신 주변 사람들에게는 영향을 미치고 싶을 것입니다. 가족에게 안정을 주고, 친구에게 영감을 주고, 사회에 가치를 주는 사람이 되고 싶을 것입니다.

그것이 진짜 부자입니다.

당신은 이미 부자입니다.

100일 동안 매일 배우고, 쓰고, 성장한 사람. 포기하지 않고 끝까지 완주한 사람.

그 자체로 당신은 이미 부자입니다.

부는 통장 잔고만이 아닙니다. 지식, 습관, 마인드, 끈기. 이 모든 것이 부입니다.

그리고 당신은 이미 그것을 가졌습니다.

이제 시간이 나머지를 해결할 것입니다. 당신이 배운 것을 실천하고, 매일 조금씩 나아가고, 절대 포기하지 않는다면 말이죠. 10년 후, 당신은 지난 시간을 돌아보며 말할 것입니다.

"그때 이 책《부의 확언》으로 시작하길 정말 잘했어."

그날을 위해, 오늘도 한 걸음 나아가세요.

당신의 성공을 진심으로 응원합니다.

Lesson 1. 마인드셋 : 부자처럼 생각하라

DAY 1. 워런 버핏(Berkshire Hathaway Annual Letter to Shareholders(주주서한), 1986년)

DAY 2. 래리 핑크(2025년 3월, CNN의 Kayla Tausche와의 독점 인터뷰)

DAY 3. 젠슨 황(2024년 3월 6일 Stanford Institute for Economic Policy Research(SIEPR) Economic Summit)

DAY 4. 나폴레온 힐(Think and Grow Rich, 1937년)

DAY 5. 오프라 윈프리(2014년 4월 16일 스탠포드 경영대학원(Stanford Graduate School of Business)의 "View From The Top" 강연)

DAY 6. 토니 로빈스(Tony Robbins, Awaken the Giant Within (1991), 2024~2025년 토니 로빈스 공식 웹사이트)

DAY 7. 데이브 램지(라디오 프로그램 The Dave Ramsey Show)

DAY 8. 알버트 아인슈타인("복리는 세계 8번째 불가사의."라는 명언과 복리 투자 철학은 알버트 아인슈타인에게 광범위하게 귀속된 전설적 인용구)

DAY 9. 벤저민 그레이엄(그의 가치투자 이론 및 저서(The Intelligent Investor 1949년))

DAY 10. 찰리 멍거(2023년 11월 14일, CNBC와의 로스앤젤레스 인터뷰)

DAY 11. 존 보글(2015년 4월, 애스펀 인스티튜트(Aspen Institute) 대담)

DAY 12. T. 하브 에커(The Thrive Time Show (비즈니스 팟캐스트, 2018))

DAY 13. 토머스 스탠리(New York Times 인터뷰 1996)

DAY 14. 모건 하우절(2022년 Tim Ferriss 쇼 인터뷰 2022년 3월 4일)

DAY 15. 데이비드 바크(2019년 4월 30일 공개된 'The School of Greatness' 팟캐스트 인터뷰)

DAY 16. 벤저민 프랭클린(1748년 출간된 그의 에세이 (Advice to a Young Tradesman))

DAY 17. 피터 린치(1990년 4월 13일, 미국 공영방송 WGBH 보스턴 인터뷰)

DAY 18. 조지 소로스(웹사이트 Goodreads (2025년 10월))

DAY 19. 그랜트 카돈(2023년 10월 1일 유튜브 영상 'Stop saving your money and Do this instead')

DAY 20. 짐 론(2025년 5월 31일 유튜브 영상 'Time Is More Valuable Than Money.')

DAY 57. 짐 로저스(2025년 5월 Jim Rogers가 출연한 인터뷰 영상과 Business Insider, Forbes 기사)

DAY 58. 윌리엄 번스타인(White Coat Investor Podcast(팟캐스트, 2017년))

DAY 59. 메리 배라(CBS News 인터뷰(2024년 9월 22일))

DAY 60. 세레나 윌리엄스(CCL.org에서 진행한 팟캐스트 'Serena Williams, Leadership, and Resilience')

LESSON 4. 증식 : 복리의 힘으로 돈이 돈을 벌게 하라

DAY 61. 앤드류 카네기(The Autobiography of Andrew Carnegie, 1920년)

DAY 62. 존 D. 록펠러(PBS 다큐멘터리 시리즈(American Experience))

DAY 63. 존 야콥 애스터(2025년 유튜브 다큐멘터리 영상(John Jacob Astor))

DAY 64. 데이비드 스웬슨(2008년 예일대 경제학 강의 시리즈(ECON 252))

DAY 65. 찰스 엘리스(〈Forbes〉 인터뷰 2021년 8월 10일)

DAY 66. 존 네프(2015년 라지 머니 아워(The Lange Money Hour)에서 존 볼게가 직접 언급한 강연)

DAY 67. 존 마크스 템플턴(1991년 CNBC 인터뷰)

DAY 68. 마리오 가벨리(CNBC 인터뷰 2016년 11월 23일)

DAY 69. 토마스 로 프라이스(2019년 8월 〈Investors.com〉 기사)

DAY 70. 빌 애크먼(2023년 9월 10일 〈Fortune〉 인터뷰)

DAY 71. 월터 슐로스(1989년 가치투자스터디 그룹 인터뷰)

DAY 72. 리처드 파인먼(1966년 PBS의 'The Pleasure of Finding Things Out' 인터뷰 시리즈)

DAY 73. 팻 도시(Hedge Fund Alpha와의 2021년 인터뷰)

DAY 74. 로버트 해그스트롬(2022년에 공개된 유튜브 영상 'The Warren Buffett Way by Robert Hagstrom')

DAY 75. 샘 젤(2020년 Tim Ferriss Show에서 진행된 샘 젤 인터뷰)

DAY 76. 바버라 코코란(2024년 Tim Ferriss Show 인터뷰)

DAY 77. 리처드 번스타인(2025년 공개된 리차드 번스타인 CEO 인터뷰)

DAY 78. 제시 리버모어(Binance의 해설 기사와 Enlightened Stock Trading 사이트)

DAY 79. 잭 도시(스탠퍼드 대학 강연 2024년 9월)

DAY 80. 유진 파마(2025년 3월 발행된 후버 연구소(Hoover Institution)의 인터뷰)

LESSON 5. 완성 : 진정한 부는 숫자를 넘어선다

DAY 81. 빌 게이츠(1997년과 2008년 인터넷 게시판)

DAY 82. 척 피니(2014년 애틀랜틱 필란스로피(Atlantic Philanthropies) 인터뷰)

DAY 83. 존 아놀드(앤드류 카네기의 명언을 현대적으로 재해석)

DAY 84. 레이 크록(2017년 유튜브 영상 'RAY KROC INTERVIEW')

DAY 85. 짐 론(Quote Investigator에서도 1980년대 Jim Rohn 강연, 유튜브 영상(2018년 8월 26일)

DAY 86. 르브론 제임스(2018년 Tim Ferriss 쇼 인터뷰)

DAY 87. 헨리 데이비드 소로(LinkedIn에서 2018년에 게재된 글 'My Interview With Henry David Thoreau')

DAY 88. 하워드 슐츠(2013년 12월 포브스 인터뷰 기사 12월 19일)

DAY 89. 사라 블레이클리(2025년 9월 11일 'Forbes Power Women's Summit' 인터뷰 기사)

DAY 90. 다니엘 로브(2009년 6월 뉴욕 Jewish Enrichment Center(JEC) 연설)

DAY 91. 존 C. 맥스웰(존 웨슬리(John Wesley, 18세기 감리교 창시자)의 설교 'The Use of Money (1760년경)에서 유래한 유명한 격언을 인용)

DAY 92. 맥켄지 스콧(CNBC 인터뷰 'Resources from our communities.'(2021년 6월 15일))

DAY 93. 폴 튜더 존스(Buckley School 9학년 졸업식 연설(2009년 6월 10일))

DAY 94. 마이클 조던(1997년 나이키 TV 광고 'Failure'에서 나온 구절)

DAY 95. 멜린다 프렌치 게이츠(멜린다 게이츠는 고등학교 졸업식 연설에서 'Ralph Waldo Emerson' 인용)

DAY 96. 리처드 브랜슨(2017년 10월 18일 CNBC 인터뷰)

DAY 97. 타일러 페리(2019 BET Awards 수상 연설)

DAY 98. 아리아나 허핑턴(NPR의 팟캐스트 인터뷰)

DAY 99. 헨리 포드(〈The American Magazine〉 인터뷰(1921년))

DAY 100. 지그 지글러(유튜브 영상 'Zig Ziglar: You Can Have Everything in Life You Want if…')

부의 확언

초판 1쇄 인쇄 2026년 2월 27일
초판 1쇄 발행 2026년 3월 18일

지은이 백선엽
펴낸이 최순영

출판1 본부장 한수미
라이프 팀장 곽지희
편집 김소정
디자인 굿베러베스트

펴낸곳 ㈜위즈덤하우스 **출판등록** 2000년 5월 23일 제13-1071호
주소 서울특별시 마포구 양화로 19 합정오피스빌딩 17층
전화 02) 2179-5600 **홈페이지** www.wisdomhouse.co.kr

ⓒ 백선엽, 2026

ISBN 979-11-7591-046-1 03190